I0028002

O^s

OVIDIO'S SELECTION

Top Italian
Hotels & Resorts

Ovidio Guaita

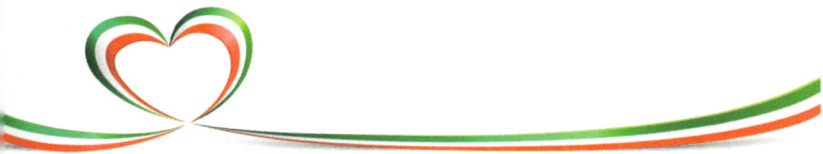

PalidanoPress

2013

TOP ITALIAN HOTELS & RESORTS

a cura di | *edited by*
Ovidio Guaita

in redazione | editorial staff
Ovidio Guaita, Lawrence Taylor

testo | text
Ovidio Guaita, Paolo Gerbaldo, Alessandra Jovinelli,
Riccardo Casano, Lawrence Taylor, Agnese Frullatori, Paolo Levi

traduzione | translations
Lawrence Taylor, Agnese Frullatori

foto | photos
Hotel e resort pubblicati. Published hotels and resorts.

progetto grafico & impaginazione
graphic project & layout
Graphic Department
Palidano Press

Oˢ

OVIDIO'S SELECTION

è una collana pubblicata da
is a series published by

PalidanoPress
124 City Road
London EC1V 2NX

www.palidano.com

ISBN 978-1-908310-66-8

© 2023 **PalidanoPress**
Proprietà letteraria e artistica riservata per tutti i paesi.
Ogni riproduzione anche parziale è vietata.
All rights reserved. Reproduction in whole or in part without written permission is strictly prohibited.

Sommario   *Contents*

Top Italian
Hotel 2023

Il migliore hotel-resort italiano è senza dubbio il Four Seasons Hotel, Firenze. Un gioiello dell'architettura urbana rinascimentale, affiancato da un folto parco romantico. Una residenza dove opulenza, discrezione e servizio sono la parola d'ordine.

The best Italian hotel-resort is indubitably the Four Seasons Hotel, Firenze. A jewel of Renaissance urban architecture, surrounded by a romantic park. A residence where opulence, discretion and service are the password.

Four Seasons Hotel Firenze

MICHELIN STAR

Firenze

top 2023

La storia di questo complesso è ricca di presenze e passaggi che hanno arricchito le sue mura conferendogli un fascino che il recente restauro ha sapientemente valorizzato. Le 116 camere e suite sono ricavate in parte nel Palazzo della Gherardesca e in parte nell'ex Convento delle Suore di Santa Maria Riparatrice, cinquecentesco, oggi denominato La Villa.

La Royal Suite è di gran lunga la suite più aulica. Si trova nel piano nobile del palazzo, ha i soffitti affrescati e i pavimenti in ceramica di Capodimonte ottocentesca. Ma anche le altre top suite non sono da meno, ognuna ha un proprio carattere che la rende unica e la distingue dalle altre.

Trascorrervi dei giorni rappresenta un'occasione per vivere nella storia senza rinunciare a nulla. Nemmeno all'insuperato servizio offerto da questa prestigiosa catena internazionale.

The history of this complex is rich in presences and passages that have enriched its walls, conferring on it a fascination that the recent remodelling has beautifully brought back to full splendour. The 116 rooms and suites are made in part from the Palazzo della Gherardesca and in part from the ex-fifteenth-century Convent of the Sisters of Santa Maria Riparatrice, today called La Villa.

The Royal Suite is by far the most stately. It is situated on the noble floor of the palace. Its ceiling and floors are in eighteenth-century Capodimonte ceramic. The other top suites, however, are no less important - each one with its own character.

The Four Seasons is undoubtedly the best hotel in Florence and a real city resort in the middle of the historic centre. Living there is an occasion to live in history without foregoing anything. Not even the unparalleled service of this prestigious chain.

top 7 Italian hotel 2023

Four Seasons Hotel Firenze

Firenze

Top 2023

Four Seasons Hotel Firenze

Firenze

INFO HOTEL

Four Seasons Hotel Firenze
Firenze

www.fourseasons.com

location	city
typology	city palace
chain	Four Seasons Hotels & Resorts
rooms	116
spa	yes
pool	yes
stars	*****
cost	$$$

Top Italian
Hotels & Resorts

I migliori, solo i migliori, selezionati uno a uno dopo attenti sopralluoghi. A ognuno il suo. Classico, opulento, oppure romantico, storico o di design, con vista o gourmet, o anche dedicato a terme e spa. Ma anche proposte meno consuete come le sorprese, o i must try.

The best are the best, chosen one by one after a rigorous evaluation. To each his own. Classic, opulent, or romantic, historic, with a view or gourmet, or even dedicated to baths and spas. But there are also proposals less common like the surprises or the "must tries".

Hotel Glance

Firenze

Un hotel dedicato a Firenze e alle opere dei suoi artisti più famosi. Spostandosi da una sala all'altra e da un piano all'altro ci si imbatte nei dettagli del David di Michelangelo, del Ratto delle Sabine di Giambologna, del Nettuno di Ammannati, e di Ercole e Caco di Baccio Bandinelli che vengono così riprodotti su intere pareti, come motivo conduttore di una narrazione che dialoga tra passato e presente. L'edificio, che si colloca non lontano dalla stazione di Santa Maria Novella, è opera del noto architetto Italo Gamberini che negli anni Cinquanta del secolo scorso l'ha innalzato sulla sempre molto frequentata via Nazionale.

È proprio grazie alla robusta costruzione in cemento armato che è stato possibile ricavare una grande piscina riscaldata sul tetto. Si tratta di uno spazio raro e ambito in pieno centro cittadino e dal quale si gode una invidiabile vista sulla città e i suoi monumenti. Molto frequentato per i cocktail al tramonto, il suo bar offre una vista privilegiata sulla skyline di Firenze.

Gli arredi degli spazi comuni e delle stanze sono minimalisti e ben concertati con attenti accostamenti di poche e ben scelte cromie. Ottima l'insonorizzazione e buona la colazione a buffet.

Design

Hotel Glance

Firenze

A hotel dedicated to Florence and the works of its most famous artists. Moving from one room to another and from one floor to another, one encounters the details of Michelangelo's David, Giambologna's Rape of the Sabines, Ammannati's Neptune, and Baccio Bandinelli's Hercules and Cacus which are thus reproduced on entire walls as the leitmotif of a narrative that dialogues between past and present. The building, which is located a short distance from the Santa Maria Novella station, is the work of the well-known architect Italo Gamberini who, in the fifties of the last century, raised it on the ever very busy Via Nazionale.

It is thanks to the robust construction in reinforced concrete that it was possible to obtain a large, heated swimming pool on the roof. It is a rare and coveted space in the city center and from which you can enjoy an enviable view of the city and its monuments. Very popular for cocktails at sunset, its bar offers a privileged view of the Florence skyline.

The furnishings of the common areas and rooms are minimalist and well coordinated with careful combinations of a few and well-chosen colors. It boasts excellent soundproofing and a good buffet breakfast.

Hotel Glance

Firenze

INFO HOTEL

Glance Hotel
Firenze

www.glancehotelflorence.com

location	lake
typology	lcity hotel
chain	none
affiliation	none
rooms	68
spa	no
pool	yes
stars	****
cost	$$

85/100

Mandarin Oriental, Milan

Milano

Ospitato in quattro prestigiosi edifici del XVIII secolo a pochi passi dal Teatro alla Scala, l'hotel offre la combinazione perfetta di comfort, stile ed eleganza. Il Mandarin Oriental, Milan unisce l'eleganza del design milanese a un intramontabile lusso orientale nel cuore della città più alla moda d'Italia.

A pochi passi dal quadrilatero della moda e dal distretto finanziario, con la sua collocazione nel cuore della città è una destinazione ideale non solo per chi visita Milano ma anche per i residenti.

Lo chef Antonio Guida sovrintende a tutta l'offerta gastronomica della struttura, dall'elegante ristorante bistellato Seta al Mandarin Bar & Bistrot.

Entrambi i ristoranti si affacciano su cortili interni elegantemente allestiti anche con piante in vaso, dove è ormai tradizione l'Aperitivo Milanese, accompagnato da una versione gourmet dei tradizionali antipasti milanesi.

Housed in four prestigious buildings of the eighteenth century a few steps from the Teatro alla Scala, the hotel offers the perfect combination of comfort, style and elegance. The Mandarin Oriental, Milan combines the elegance of Milanese design with timeless oriental luxury in the heart of Italy's most fashionable city.

A few steps from the fashion and financial districts and located in the heart of the city, it is an ideal destination not only for those visiting Milan but also for residents.

Chef Antonio Guida oversees all the gastronomic offerings of the structure, from the elegant two-star restaurant Seta to the Mandarin Bar & Bistrot.

Both restaurants overlook elegant courtyards with potted plants, where the Milanese aperitif is now tradition, accompanied by a gourmet version of traditional Milanese appetizers.

design

INFO HOTEL

Mandarin Oriental, Milan
Milano

www.mandarinoriental.com/milan

location	city
typology	city hotel
chain	Mandarin Oriental
affiliation	none
rooms	104
spa	yes
pool	yes
stars	*****
cost	$$$

Forestis

Bressanone

SMALL LUXURY HOTELS OF THE WORLD

Il Forestis è stato progettato per fondersi perfettamente con il paesaggio circostante, utilizzando materiali naturali come legno e pietra. Il risultato è un ambiente caldo ed accogliente che si integra perfettamente nella natura circostante. Il resort dispone di 62 camere e suite, tutte arredate con gusto e attenzione ai dettagli per offrire il massimo comfort ai suoi ospiti.

Ma quello che lo rende unico è la sua posizione, immerso in una foresta di abeti e larici a 1800 metri di altitudine. Qui si gode di una vista spettacolare sulle montagne circostanti e si respira l'aria fresca e pulita delle Dolomiti. La posizione è privilegiata, vicino alle piste da sci e a numerosi sentieri escursionistici, rendendo il resort ideale punto di partenza per scoprire le bellezze naturali della zona.

Elemento pregnante del Forestis è la spa. I trattamenti si basano sulla personalizzazione dei quattro alberi della zona (pino montano, abete rosso, larice e cembro), quattro essenze di legno terapeutiche che presentano diversi principi attivi che consentono una rigenerazione profonda del fisico. Gli spazi dedicati alla spa sono ampi, caratterizzati da ampie vetrate, e anche qui i materiali usati sono legno e pietra locali. La grande piscina riscaldata si sviluppa equamente tra interno ed esterno. Quattro le saune per offrire un percorso salute articolato in diversi step per meglio prepararsi così alla cena, qui concepita come un evento "teatrale".

Il ristorante è infatti disposto ad anfiteatro. I tavoli poggiano su gradoni e sono tutti rivolti verso la parete di vetro che si affaccia su uno scenario naturale di rara suggestione. Le Dolomiti sono di fronte a noi e nulla si interpone per ostacolarne la vista. Pannelli semicircolari si legano alle sedute offrendo intimità agli ospiti. La cucina è del territorio, valorizza le aziende altoatesine e i prodotti di stagione.

L'Executive Chef Roland Lamprecht, dopo varie esperienze negli stellati dell'Europa centrale, è tornato alle origini per coniugare le nuove tendenze con le tradizioni della sua terra. Un ottimo menu, accompagnato da una carta dei vini che valorizza le migliori etichette della regione alpina e supportato da un servizio accurato.

Design

Forestis

Bressanone

Nature, view and silence. The minimal luxury of the resort, in keeping with its green philosophy, offers a top-level stay experience but leaving a "clear" conscience. In fact, the structure is committed to using sustainable materials and reducing the environmental impact of its activities. Furthermore, it promotes environmental education among its guests, inviting them to discover the beauty of the surrounding nature and to respect the environment in which they find themselves.

The Forestis has been designed to blend perfectly with the surrounding landscape, using natural materials such as wood and stone. The result is a warm and welcoming environment that integrates perfectly into the surrounding nature. The resort has 62 rooms and suites, all furnished with taste and attention to detail to offer maximum comfort to its guests.

But what makes it unique is its location, immersed in a fir and larch forest at an altitude of 1800 meters. Here you can enjoy a spectacular view of the surrounding mountains and breathe the fresh, clean air of the Dolomites. The location is privileged, close to the ski slopes and numerous hiking trails, making the resort an ideal starting point to discover the natural beauty of the area.

A monumental element of the Forestis is the spa. The treatments are based on the personalization of four local trees (mountain pine,

Forestis

Bressanone

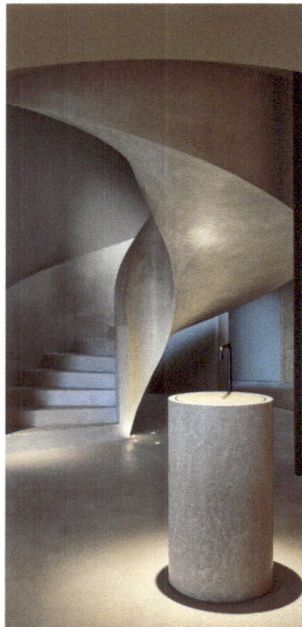

spruce, larch and stone pine), four therapeutic wood essences that have different active ingredients that allow for deep regeneration of the body. The spaces dedicated to the spa are large, characterized by large windows, and here too the materials used are local wood and stone. The large heated swimming pool develops equally between inside and outside. Four saunas offer a health path divided into different steps to better prepare for dinner - here conceived as a "theatrical" event.

The restaurant is, in fact, arranged in the form of an amphitheater. The tables rest on steps and all face the glass wall that overlooks a natural setting of rare beauty. The Dolomites are in front of us and nothing hinders the view. Semicircular panels are linked to the seats offering intimacy to guests. The cuisine is local, enhancing South Tyrolean companies and seasonal products. The Executive Chef Roland Lamprecht, after various experiences in the starred restaurants of Central Europe, has returned to his origins to combine new trends with the traditions of his land. An excellent menu, accompanied by a wine list that proudly presents the best labels of the Alpine region which are served with outstanding accuracy.

The hosts Teresa and Stefan have well fulfilled the dream of expanding and articulating the family property, expanding their offer to render a sojourn even more magical.

INFO HOTEL

Forestis
Bressanone

www.forestis.it

location	mountain
typology	mountain resort
chain	none
affiliation	SLH
rooms	62
spa	yes
pool	yes
stars	*****L
cost	$$$

80/100

25hours Hotel Piazza San Paolino

Firenze

"Paradiso o Inferno?" Non è comune la richiesta che ci si sente porre al check-in. In realtà la domanda non è peregrina, infatti l'esperienza di soggiorno al 25hours Hotel Piazza San Paolino cambia drasticamente. Non a caso il loro slogan è "come as you are", scordatevi ogni formalità per entrare in una nuova dimensione.

Se avete aspettative scordatevele, sarà tutto diverso. Un bel cortile (coperto da vetrate) con grande camino sul quale si arrampicano ragni giganti. Una lobby che è anche ristorante e bar, un "alimentari" con tanto di salumi (finti) appesi al soffitto, una saletta Cinema Paradiso, il Companion Bar tutto azzurro con divanetti continui rossi. Insomma un insieme di citazioni della cultura e delle tradizioni italiane declinate con grande fantasia e a tratti con genialità dall'interior designer Paola Navone.

Questo nuovo hotel fa parte della giovane catena tedesca al momento dispone di 12 hotel in Europa e ora si sta espandendo anche in Medio Oriente, aprendo un 25hours a Dubai, mentre altre proprietà sono in programma anche a Melbourne e Sydney.

Dicevamo "Paradiso o Inferno?" al check-in, in base alla risposta potremmo trovarci in una stanza tutta bianca e celestiale oppure sprofondare nella dannazione di una ambiente rosso cupo dove sperimentare un assaggio di Inferno.

La location è centrale, a due passi dalla stazione di Santa Maria Novella (e dall'omonima piazza) e a 10 minuti a piedi dal Duomo con un comodo parcheggio sotterraneo. La nostra esperienza dantesca è quantomai ben localizzata.

Design

25hours Hotel Piazza San Paolino

Firenze

"Heaven or Hell?" This is not a common question to hear at check-in. In reality, the question is not strange. The experience of staying at the 25hours Hotel Piazza San Paolino, in fact, changes everything drastically. It is no coincidence that their slogan is "come as you are" - forget all formalities to enter a new dimension.

If you have expectations, forget them. Everything will be different. A beautiful courtyard (covered by glass windows) with a large fireplace on which giant spiders climb; a lobby that is also a restaurant and bar; a "grocery store" with lots of (fake) cold cuts hanging from the ceiling; a Cinema Paradiso room; the all-blue Companion Bar with continuous red sofas. In short, a set of quotes from Italian culture and traditions expressed with great imagination and, at times, ingeniously by the interior designer Paola Navone.

This new hotel is part of the young German chain and currently has 12 hotels in Europe. It is now also expanding into the Middle East, opening a 25hours in Dubai. Other properties are also planned for Melbourne and Sydney.

Did we say "Heaven or Hell" at check-in? Depending on our answer, we could find ourselves in an all white and celestial room or sink into the damnation of a dark red environment where we can experience a taste of Hell. . The location is central, a stone's throw from the Santa Maria Novella station (and the square of the same name) and a 10-minute walk from the Duomo with convenient underground parking. Our Dante experience is very well localized.

25hours Hotel Piazza San Paolino

Firenze

INFO HOTEL

25hours Hotel Piazza San Paolino
Firenze

www.25hours-hotels.com

location	city
typology	city hotel
chain	25hours Hotels
affiliation	none
rooms	171
spa	no
pool	no
stars	****
cost	$$

82/100

Golf Wine Resort & Spa Castello di Spessa

Capriva del Friuli

La storia è solo uno degli elementi di fascino di questa ameno castello. Tutto attorno sorgono le vigne dell'azienda vinicola e il percorso del golf, l'unico golf friulano dove si gioca tra i vigneti in un contesto enoico.

L'ospitalità è proposta in stanze, suite e appartamenti distribuiti nel castello ma anche nei casali della proprietà. Il ristorante La Tavernetta propone una cucina raffinata in un ambiente ricercato che si adatta sia a cene intime che ad eleganti banchetti. I piatti dello chef raccontano fantasiosi percorsi che esplorano tradizioni, stagioni e ingredienti. Al Bistrot, invece, vengono servite piccole creazioni a base di crudi e piatti freddi con materie prime del territorio, in una location intima e riservata dove i vini della Tenuta sono i veri protagonisti.

La produzione vinicola di qualità del Castello non caratterizza solo il paesaggio, il golf e la cucina del resort. Diviene il filo conduttore del nuovo centro benessere, la Vinum SPA, dove le proprietà benefiche dei principi attivi delle uve e del vino della Tenuta sono alla base dei trattamenti e dei cosmetici a marchio Castello di Spessa.

Cuore della SPA è l'area dedicata alla vinoterapia, declinata in tutte le sue sfaccettature, dalla suite panoramica I Tini con idromassaggi cromoterapici appunto in grandi tini alla Vinum Vitae Suite dove - dopo un bagno nel vino – si godono benefici trattamenti su lettini sensoriali cromoterapici prima di rilassarsi, sorseggiando un calice di vino, nella sala Le Botti.

Relax e benessere continuano al piano terra con grande sauna finlandese riscaldata da una stufa in maiolica, docce emozionali con cromoterapia, percorso Kneipp con pietre dell'Isonzo, cascata di ghiaccio, shower bucket, bagno turco, sala delle tisane, sale relax con vista panoramica e piscina interna con idromassaggio. Nella spaziosa area esterna della SPA con vista su colline e vigneti si trovano piscina riscaldata, idromassaggio esagonale, sauna finlandese, terrazza panoramica con area relax, bar. Oltre 2.000 mq di puro benessere.

golf

Golf Wine Resort & Spa Castello di Spessa

Capriva del Friuli

History is just one of the fascinating elements of this pleasant castle. All around there are the vineyards and the golf course, the only Friulian golf where you play among the vineyards in an enoic context.

Hospitality is offered in rooms, suites and apartments located in the castle but also in the farmhouses of the property. The La Tavernetta restaurant offers refined cuisine in a sophisticated setting that is suitable for both intimate dinners and elegant banquets. The chef's dishes show imaginative paths that explore traditions, seasons and ingredients. At the Bistrot, on the other hand, raw and cold dishes are served, in an intimate atmosphere.

The Castle's quality wine production not only characterizes the landscape, golf and cuisine of the resort, it also becomes the leitmotif of the new wellness center, the Vinum SPA, where the beneficial properties of the active ingredients of the estate's grapes and wine are the basis of the treatments and cosmetics of the Castello di Spessa brand.

The heart of the SPA is the area dedicated to wine therapy, declined in all its facets, from the panoramic suite I Tini with chromotherapy whirlpools in large vats to the Vinum Vitae Suite where - after a bath in wine - you can enjoy beneficial treatments on chromotherapy sensorial beds before relaxing and sipping a glass of wine in the Le Botti room.

Relaxation and well-being continue on the ground floor with a large Finnish sauna heated by a tiled stove, emotional showers with chromotherapy, Kneipp path with Soča stones, ice waterfall, shower bucket, Turkish bath, herbal tea room, relaxation rooms with panoramic views and an indoor pool with hydromassage. In the spacious outdoor area of the SPA overlooking the hills and vineyards there is a heated swimming pool, hexagonal hydromassage, Finnish sauna, panoramic terrace with relaxation area, and a bar.

Over 2,000 square meters of pure well-being.

Golf Wine Resort & Spa Castello di Spessa

Capriva del Friuli

INFO HOTEL

Golf Wine Resort & Spa
Castello di Spessa
Capriva del Friuli

www.castellodispessa.it

location	countryside
typology	castle
chain	none
affiliation	none
rooms	35 and 8 apartments
spa	yes
pool	yes
stars	n.a.
cost	$

Verdura Resort

Sciacca

85/100

Alle porte di Sciacca, antico borgo di pescatori della Sicilia sud-occidentale, il Verdura Resort si estende all'interno di un parco di 230 ettari di natura incontaminata, punteggiata da aranceti ed ulivi. Le calde acque del Mediterraneo lambiscono la proprietà per quasi 2 km di costa privata, in un contrasto mozzafiato tra l'intenso blu del mare ed il verde della vegetazione che la circonda.

Questo luogo lontano da tutto, immerso nel silenzio è pensato per chi è alla ricerca del green perfetto, che al Verdura porta la firma del celebre archistar californiano Kyle Phillips. Ben 2 campi da golf da 18 buche ed uno da 9 garantiscono esperienze di gioco diverse anche ai golfisti più esigenti. A completare la vocazione allo sport, il Resort offre 6 campi da tennis in terra battuta, un campo da calcio ed una piscina infinity da 60 metri.

Il carattere forte dell'isola ispira un'architettura dalle linee squadrate e minimali. Materiali naturali come la pietra ed il legno e i colori caldi dell'ocra e della terracotta, richiamano le tipiche dimore siciliane e si fondono con la bellezza aspra e selvaggia del luogo. Le maioliche, i mosaici e gli oggetti di artigianato locale sono il filo conduttore tra gli spazi esterni ed interni, dove si continua a respirare la tradizione siciliana, seppure con tocchi di estrema contemporaneità.

Le 203 camere e suites si affacciano tutte sul mare e presentano elementi di arredo minimalisti ed eleganti. Ogni dettaglio è curato con meticolosa passione. Pennellate di violetto ed ocra, in contrasto con il bianco delle pareti, rendono l'atmosfera calda, intima ed avvolgente. Per chi è alla ricerca della privacy più assoluta, sono disponibili 6 ville esclusive dotate di piscina privata e jacuzzi.

L'offerta gastronomica del Verdura è varia e di pregio ed è impreziosita dalla scelta degli ingredienti, rigorosamente stagionali, dall'estrema attenzione alle cotture e dai ricercati accostamenti di sapore. Dallo stile semplice e rustico del Liolà, tipica trattoria siciliana dove è possibile assaporare i piatti più autentici e tradizionali dell'isola, al raffinato Zagara, location ideale per degustare prelibatezze di mare.

THE LEADING HOTELS OF THE WORLD®

golf

Verdura Resort

Sciacca

On the outskirts of Sciacca, an ancient fishing village in south-western Sicily, the Verdura Resort extends within a park of 230 hectares of uncontaminated nature, dotted with orange and olive trees. The waters of the Mediterranean skim the almost 2 km of private coast, in a breathtaking contrast between the intense blue of the sea and the green of the surrounding vegetation.

This is a place far from everything, immersed in silence and designed for those looking for the best green, which at Verdura was designed by the famous Californian archistar Kyle Phillips. Two golf courses with 18 holes and one with 9 offer every gaming experience, even for the most demanding golfers. To complete the sporting vocation, the Resort offers 6 clay tennis courts, a soccer field and a 60-meter infinity pool.

The strong character of the island inspires the architecture with its square and minimal lines. Natural materials such as stone and wood together with the warm colors of ocher and terracotta recall the typical Sicilian residences and blend with the harsh and wild beauty of the place. The majolica, mosaics and objects of local craftsmanship are the common thread between the external and internal spaces, where you can breathe the Sicilian tradition - although with extremely contemporary touches.

All the 203 rooms and suites face the sea and have minimalist and elegant furnishings. Every detail is taken care of with meticulous passion. Brushstrokes of violet and ocher, in contrast with the white of the walls, make the atmosphere warm, intimate and enveloping. Six exclusive villas with private pools and jacuzzis are available for those in search of absolute privacy.

The various and refined gastronomic offer of Verdura is enriched by the choice of strictly seasonal ingredients, the extreme attention to the cooking mode and the exquisite combinations of flavors. Besides the simple and rustic style of the Liolà, a typical Sicilian trattoria where it is possible to taste the most authentic and traditional dishes of the island, you should try the refined Zagara, the ideal location to taste seafood delicacies.

golf

INFO HOTEL

Verdura Resort
Sciacca

www.roccofortehotels.com

location	sea
typology	golf resort
chain	Rocco Forte Hotels
affiliation	LHW
rooms	203
spa	yes
pool	yes
stars	*****
cost	$$$

Castel Monastero

L W
THE LEADING HOTELS
OF THE WORLD®

Monastero d'Ombrone

Nell'XI secolo era un monastero immerso nel silenzio e nella pace delle colline senesi. Poi è diventato un castello e la dimora di campagna della nobile famiglia Chigi e successivamente un romantico borgo della campagna Toscana.

Del suo glorioso passato Castel Monastero, oggi resort di lusso a pochi chilometri da Siena, conserva ogni memoria.

La Spa Aquae Monasterii propone vari trattamenti, sempre personalizzati. Di particolare efficacia per distendere e purificare il corpo, drenando i liquidi in eccesso, è la vasca all'olio di mare, ad altissima densità salina.

L'offerta culinaria a Castel Monastero spazia dalle colazioni ai pranzi informali alla Cantina Toscana, ubicata nelle cantine medioevali, dove per secoli ha riposato il Chianti della tenuta, agli aperitivi nella suggestiva piazzetta del borgo, fino al ristorante gourmet Contrada, dove fascino ed eleganza della location sono il denominatore comune anche dei suoi sofisticati menu.

Castel Monastero

Monastero d'Ombrone

Back in the 11th century it was a monastery surrounded by the peace and quiet of the hills near Siena. It then became a castle and the country residence of the noble Chigi family, and later a romantic hamlet in the Tuscan countryside.

The glorious past of Castel Monastero, today a luxury resort just a few kilometres from Siena, can be seen all around.

The Aquae Monasterii Spa offers various treatments, always personalized. Particularly effective for relaxing and purifying the body or draining excess fluids is the sea-oil tank, with a very high salt density.

The gastronomic offer includes breakfasts in the charming little square of the village, informal lunches at Cantina Toscana, located in medieval cellars, where for centuries the Chianti of the estate has aged, aperitifs in the square, and dinner at the gourmet restaurant Contrada, where the charm and elegance of the location are the common denominator of its sophisticated menus.

Castel Monastero

Monastero d'Ombrone

Castel Monastero

Monastero d'Ombrone

gourmet

INFO HOTEL

Castel Monastero
Monastero d'Ombrone

www.castelmonastero.com

location	hill
typology	countryside resort
chain	none
affiliation	LHW, Virtuoso
rooms	74
spa	yes
pool	yes
stars	*****
cost	$$$

81/100

Monastero Santa Rosa

MICHELIN STAR

Conca dei Marini - Costiera Amalfitana

La pace che avvolge l'ex monastero seicentesco delle suore domenicane di clausura invita al relax e alla riflessione. Le stanze sono solo 20: diverse tra loro per arredi e décor, hanno tutte una splendida vista sul mare, uno spettacolo che ha rapito i viaggiatori che da secoli decantano le bellezze di quel tratto di costa.

Preziosi ed eterei lini italiani esaltano la luminosità degli ambienti profumati da essenze dell'Officina Profumo Farmaceutica di Santa Maria Novella, i cui prodotti sono alla base dei trattamenti della SPA. Sapiente e profumata di Mediterraneo la cucina del Ristorante Refettorio, stellato, con splendida terrazza.

The peace that envelops the former seventeenth-century convent of cloistered Dominican nuns invites guests to relaxation and reflection. There are 20 rooms: all differently furnished and with views of the bay, a spectacle that has enraptured travelers for centuries, extolling the beauty of that stretch of coast.

Precious and ethereal Italian linens enhance the brightness of the environments perfumed with the essences and amenities of the Officina Profumo Farmaceutica di Santa Maria Novella, whose products are used for the SPA treatments. Mediterranean taste and aroma characterize the cuisine of the restaurant Refettorio, starred, with a splendid terrace.

gourmet

INFO HOTEL

Monastero Santa Rosa
Conca dei Marini
Costiera Amalfitana

www.monasterosantarosa.com

location	sea
typology	former monastery
chain	none
affiliation	none
rooms	20
spa	yes
pool	yes
stars	*****
cost	$$$

67

Londra Palace Venezia

RELAIS & CHATEAUX

Venezia

Un salotto sul Canal Grande. Una storia di ospitalità che risale all'Ottocento, due hotel uniti, una recente ristrutturazione che ne ha valorizzato la posizione e un ristorante che nobilita la tradizione culinaria veneta e italiana. Il Londra Palace Venezia non delude.

Nella camera 106 Tchaikovsky ha composto i primi tre movimenti della sinfonia n. 4. ma non è stato l'unico a scegliere questo blasonato hotel. D'Annunzio, Borges, Brodskij sono solo alcuni tra quegli intellettuali e artisti che non hanno saputo rinunciare al fascino della vista sulla chiesa di San Giorgio che si ammira dalle sue stanze e suite. Situato nella parte più tranquilla di Riva degli Schiavoni l'hotel si distingue per la pace che vi regna. Ogni stanza è arredata in modo diverso, particolarmente apprezzate sono le suite nel sottotetto, alcune dotate di jacuzzi e tutte ovviamente con una ottima vista.

Prima di cena facciamo una sosta al bar, raccolto ma completo, che è "sulla strada" del ristorante, per meglio prepararsi all'esperienza culinaria cui dedicheremo la serata. Qui una ricca carta propone i classici sapientemente affiancati da proposte innovative che hanno raccolto numerosi consensi. Abbiamo provato l'LPV Martini 2019, che in quell'anno è stato celebrato "Migliore Martini dell'anno" dalla guida Blu Blazer. Un meritato riconoscimento per un percorso di affinamento durato anni.

Al ristorante L.P.V l'ospite è accolto da maitre e sommelier, che illustrano al meglio l'interessante menu consigliando gli abbinamenti enogastronomici migliori. Qui è stata composta una invidiabile cantina focalizzata sulla tradizione italiana. Etichette note e meno note sorprendono l'ospite e assecondano le creazioni dello chef. Tradizione e innovazione qui si sposano con classe ed eleganza, senza pretenziosità.

Decisamente una delle esperienze migliori in città, per degustazione, soggiorno, localizzazione e vista.

grand tradition

Londra Palace Venezia

Venezia

A grand room on the Grand Canal. A history of hospitality that dates back to the nineteenth century, two hotels together, a recent renovation that has enhanced its position and a restaurant that ennobles the Venetian and Italian culinary tradition. The Londra Palace Venezia does not disappoint.

In room 106 Tchaikovsky composed the first three movements of his symphony no. 4, but he was not the only one to choose this noble hotel. D'Annunzio, Borges, Brodskij are just some of those intellectuals and artists who were not able to resist the charm of the view of the church of St. George, which can be admired from its rooms and suites. Located in the quieter part of the Riva degli Schiavoni, the hotel stands out for the peace that reigns there. Each room is decorated differently. The attic suites are particularly popular, some with jacuzzi baths and all, of course, have a great view.

Before dinner we stop at the cozy but complete bar, which is "on the way" to the restaurant, to better prepare for the culinary experience to which we will dedicate the evening. Here a rich menu offers the classics skilfully flanked by innovative proposals that have garnered great acclaim. We tried the LPV Martini 2019, which in that year was celebrated as "Best Martini of the Year" by the Blu Blazer guide. A well-deserved recognition for a process of refinement that lasted for years.

At the L.P.V restaurant, guests are welcomed by maitre d's and sommeliers, who best illustrate the interesting menu, recommending the best food and wine pairings. An enviable cellar focused on the Italian tradition has been composed here. Well-known and lesser-known labels surprise the guest and indulge the chef's creations. Tradition and innovation here are combined with class and elegance, without pretentiousness.

Definitely one of the best experiences in the city, for tasting, stay, location and view.

INFO HOTEL

Londra Palace Venezia
Venezia

www.londrapalace.com

location	city
typology	palace
chain	none
affiliation	R&C
rooms	52
spa	no
pool	yes
stars	*****L
cost	$$$

San Domenico Palace a Four Seasons Hotel

Taormina

Da monastero domenicano a resort esclusivo. Sacro e profano convivono in una location di impareggiabile fascino e glamour. Il ristorante bistellato suggella la magia della struttura.

Prima ancora che Taormina esistesse come borgo qui sorgeva un monastero domenicano costruito nel Quattrocento. Nella quiete ovattata dei suoi chiostri i monaci si dedicavano alla preghiera e alla meditazione. Varie famiglie si alternarono nella protezione (e sovvenzione) della struttura ecclesiastica, fino a quando, nel 1896, il monastero venne chiuso e trasformato in hotel di lusso. Era il momento delle villeggiature, soprattutto invernali, degli inglesi che gradivano il clima mite.

Oggi il San Domenico Palace rimane una delle strutture più suggestive e pregne di storia dell'isola. Ogni angolo testimonia il passato monastico. Nel centro di Taormina ma con un grande giardino formale sul retro si affaccia sul golfo offrendo agli ospiti una vista spettacolare che spazia dal teatro greco all'Etna.

From Dominican monastery to exclusive resort. The sacred and the profane co-exist in a location of unparalleled fascination and glamour. The two-star restaurant seals the magic of the property.

Even before the existence of Taormina as a small town, there was a Dominican monastery dating from the fourteen hundreds. In the silence of its cloisters the monks dedicated themselves to prayer and meditation. Various families alternated in the protection (and endowment) of this ecclesiastical structure until 1896, when the monastery was closed and transformed into a luxury hotel. For the English this was the period of holidaymakers - above all in winter – and they appreciated mild climates.

Today the Dominican Palace is one of the most impressive and historically-rich properties on the island. Every corner testifies to its monastic past. Situated the centre of Taormina with an extensive formal garden at the rear, it overlooks a golf course, offering guests a spectacular view that sweeps from the Greek theatre to Etna.

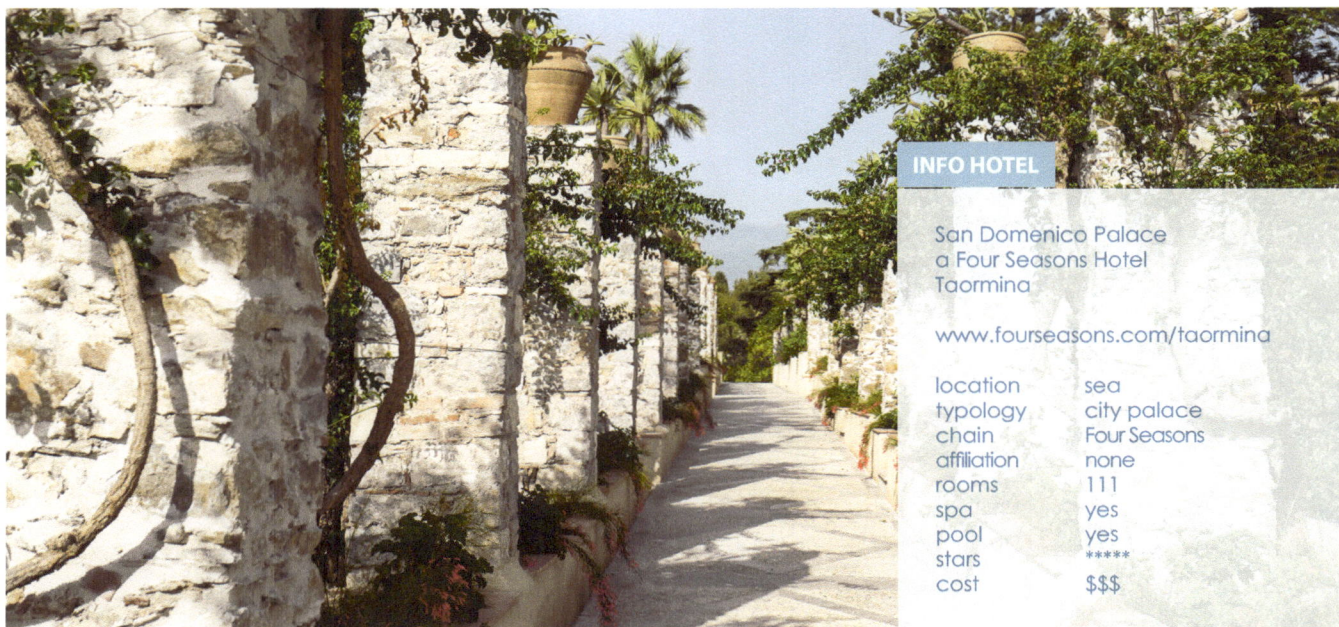

INFO HOTEL

San Domenico Palace
a Four Seasons Hotel
Taormina

www.fourseasons.com/taormina

location	sea
typology	city palace
chain	Four Seasons
affiliation	none
rooms	111
spa	yes
pool	yes
stars	*****
cost	$$$

85/100

LHW
THE LEADING HOTELS
OF THE WORLD®

Grand Hotel Fasano & Villa Principe

Fasano

Il Lago di Garda è il più grande lago d'Italia, situato al confine tra Lombardia, Trentino-Alto Adige e Veneto, è una delle mete turistiche più famose e popolari dell'Italia. La sua storia è testimoniata da siti archeologici, castelli e villaggi pittoreschi. Ma il lago è stato anche una delle prime mete italiane delle villeggiature aristocratiche dell'Ottocento e il Grand Hotel Fasano ha rappresentato un tassello importante di questo sviluppo.

Le sue storiche forme architettoniche neoclassiche accolgono infatti discretamente l'ospite fin dal suo arrivo in questa deliziosa oasi di quiete adagiata magnificamente sulla sponda lombarda del lago. L'atmosfera raffinata degli interni accompagna l'ospite ad affacciarsi sulla splendida terrazza: un punto di vista unico e privilegiato dal quale ammirare il lago.

Una magia che si prolunga nelle camere e suite che, impreziosite dalla vista, giocano magistralmente la carta dell'eleganza classica e moderna, ma sempre pienamente avvolgente.

Senza indugiare, l'ospite del Fasano approfitta poi dell'Aqva Spa che ha riaperto quest'anno totalmente rinnovata: un involucro nel quale si respirano sensazioni di benessere sentendosi quasi fuori dal tempo. I toni chiari del décor ben legano con l'azzurro della piscina interna e con il blu intenso delle acque del lago.

L'offerta gastronomica è affidata ai due chef Maurizio Bufi, alla guida del ristorante Il Fagiano, e Paquale Tozzi, in carica per Il Pescatore. Una carta di terra quindi e una di mare. Il Fagiano è considerato il ristorante gourmet ma a nostro avviso solo per servizio (e dress code) più formale. A Il Fagiano abbiamo seguito il percorso denominato Frammenti, "pensieri, ricordi, suggestioni" dello chef condensati in 6 piatti che non permettono distrazioni. Qui l'ingegneria culinaria di chef Bufi sposa sapori d'affezione sublimando in un articolato viaggio in compagnia di antichi e nuovi ingredienti. A Il Pescatore abbiamo invece scelto il menu degustazione Lasciati guidare. Di questa selezione di piatti di chef Tozzi conserviamo il ricordo del "Cavolfiore, uovo e tartufo" e del "Raviolo di patata affumicata, storione in olio di cottura e sedano rapa". Innovativi quanto basta, nitidi nei sapori, bilanciati negli ingredienti. Per entrambi va poi sottolineato il servizio sempre di altissimo livello, senza compromessi.

Grand Hotel Fasano & Villa Principe

Fasano

Lake Garda, located on the border between Lombardy, Trentino-Alto Adige and Veneto, is one of the most famous and popular tourist destinations in the country. Its history is testified to by archaeological sites, castles and picturesque villages. However, the lake was also one of the first Italian destinations for aristocratic holidays in the 19th century, and the Grand Hotel Fasano represented an important part of this development.

In fact, its historic neoclassical architectural forms discreetly welcome guests from the moment they arrive in this delightful oasis of tranquility, beautifully situated on the Lombard shore of the lake. The refined atmosphere of the interiors accompanies guests to look out onto the splendid terrace, a unique and privileged point of view from which the lake can be admired. A magic that extends into the rooms and suites which, embellished by the view, masterfully play the card of classic and modern elegance which is always fully enveloping.

Without delay, the guest of the Fasano then takes advantage of the Aqva Spa which has reopened this year totally renovated. It is an enclosure in which you can breathe sensations of well-being, feeling almost out of time. The light tones of the décor blend well with the blue of the indoor pool and with the intense blue of the lake waters.

The gastronomic offer is entrusted to the two chefs Maurizio Bufi, at the helm of the Il Fagiano restaurant, and Paquale Tozzi, in charge of Il Pescatore. Therefore, a land menu and a sea menu.

Il Fagiano is considered the gourmet restaurant but in our opinion only for more formal service (and dress code). At Il Fagiano we followed the path called Frammenti, the chef's "thoughts, memories, suggestions" condensed into 6 dishes that don't allow for distractions. Here the culinary engineering of chef Bufi combines flavors of affection, sublimating them in an articulated journey in the company of ancient and new ingredients. At Il Pescatore we instead chose the "Let yourself be guided" tasting menu. Of this selection of dishes by chef Tozzi, we well remember the "Cauliflower, egg and truffle" and the "Raviolo of smoked potatoes, sturgeon in cooking oil and celeriac". Innovative enough, clear in the flavors, balanced in the ingredients. For both restaurants, the service is always of the highest level, without compromises.

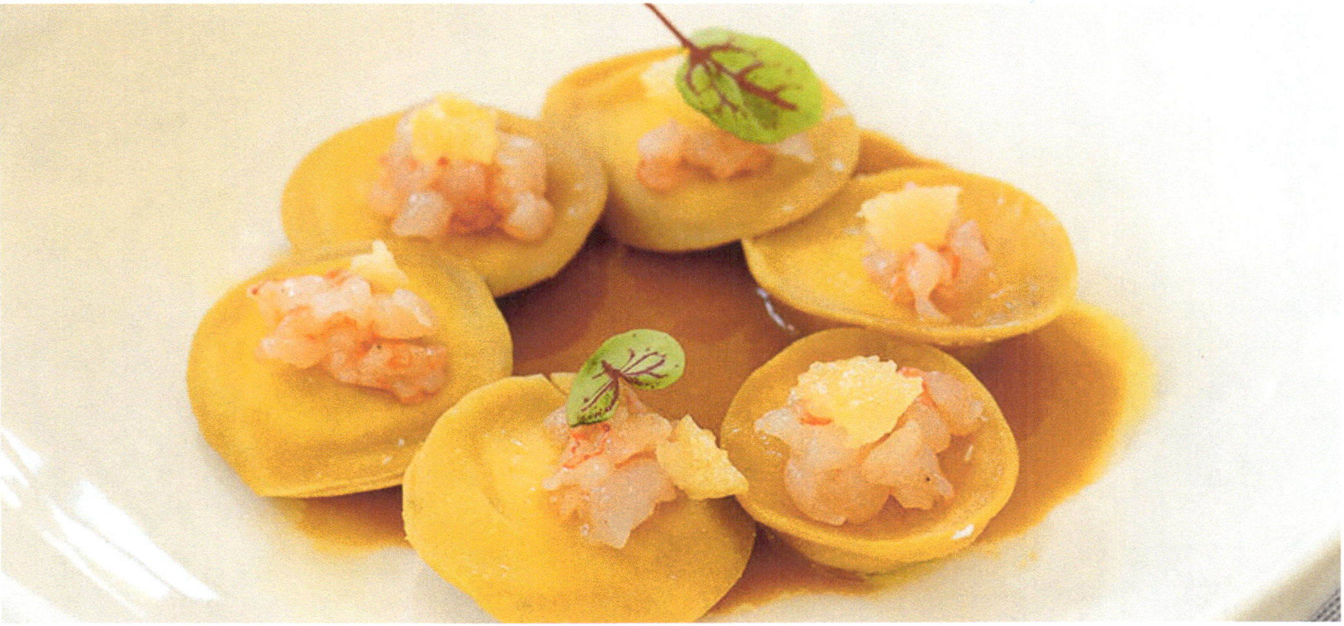

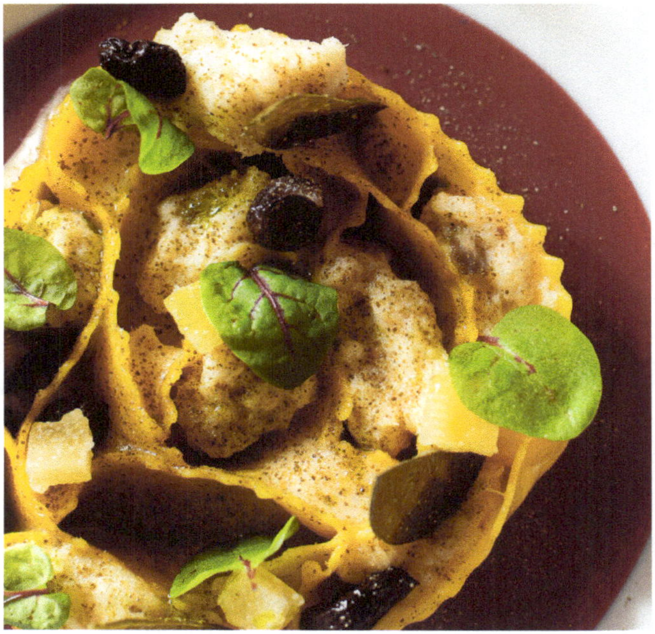

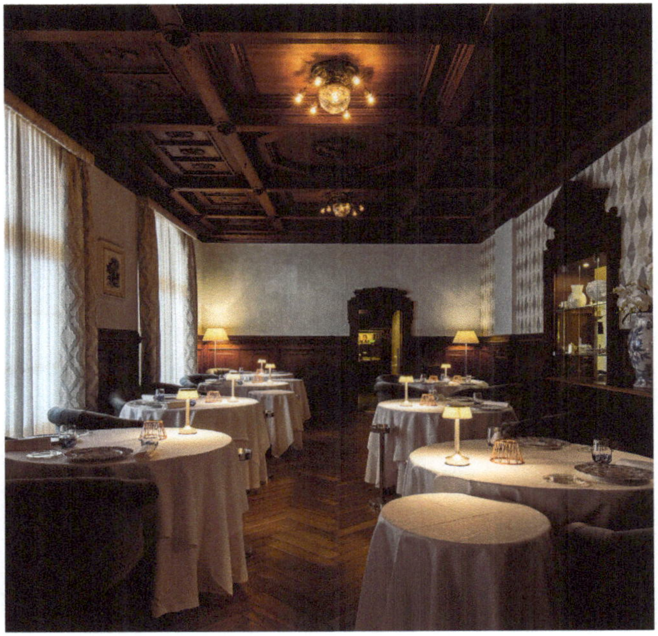

INFO HOTEL

Grand Hotel Fasano
Fasano

www.ghf.it

location	lake
typology	lake resort
chain	Iconic Luxury Hotels
affiliation	LHW
rooms	79
spa	yes
pool	yes
stars	*****L
cost	$$$

80/100

Villa e Palazzo Aminta

Stresa

THE LEADING HOTELS
OF THE WORLD®

L'hotel deve il suo nome al primo proprietario, l'ammiraglio Francesco Capece, che l'acquistò agli inizi del Novecento per farne una splendida dimora, dove ritirarsi insieme all'amata consorte, il cui nome, appunto, era Aminta.

Frequentato dall'aristocrazia europea e da importanti personaggi dell'epoca, oggi è un elegante resort affacciato sul Golfo Borromeo.

I fasti di inizio secolo rivivono nei sontuosi arredi: colonne in marmo, preziose tappezzerie e mobili d'epoca, ai quali si aggiungono scintillanti lampadari di Murano e virtuosi arabeschi in omaggio alla Serenissima.

L'hotel è l'unico sul Lago Maggiore ad affacciarsi direttamente sulle Isole Borromee, con spiaggia privata e moli di attracco per le barche

The hotel owes its name to the first owner, Admiral Francesco Capece, who bought it in the early twentieth century to make a beautiful home, where he could retire with his beloved wife, whose name, in fact, was Aminta.

Frequented by European aristocracy and important personalities of the time, today it is an elegant resort overlooking the Gulf Borromeo.

The glories of the century are revived in the sumptuous furnishings: marble columns, precious tapestries and antique furniture, to which are added sparkling Murano chandeliers and virtuous arabesques in homage to the Serenissima.

The hotel is the only one on Lake Maggiore which directly faces the Borromean Islands, with a private beach and boat docks.

INFO HOTEL

Villa e Palazzo Aminta
Stresa

www.villa-aminta.it

location	lake
typology	lake resort
chain	none
affiliation	LHW
rooms	70
spa	yes
pool	yes
stars	*****L
cost	$$$

83

80/100

Hotel Excelsior Venice Lido Resort

Lido, Venezia

La magia dell'acqua e di San marco che si allontana ci immerge gradualmente nell'atmosfera rilassata della laguna. L'arrivo in motoscafo è sempre affascinate e altamente consigliato. Siamo tornati all'Excelsior di Venezia, l'hotel delle star del cinema, al Lido.

Affacciato direttamente sulla spiaggia del Lido, l'Hotel è un capolavoro dell'arte veneziana degli inizi del Novecento. La costruzione di questo iconico hotel venne commissionata dall'imprenditore Nicolò Spada al noto architetto veneziano Giovanni Sardi che in soli diciassette mesi trasformò il progetto in realtà. La sera del 21 Luglio 1908 più di 30.000 veneziani e oltre 3.000 ospiti giunti da ogni parte del mondo assistettero all'inaugurazione dell'hotel.

Esclusivo Resort dall'inconfondibile stile moresco, da sempre si conferma meta ideale per vacanze in famiglia o romantici soggiorni di coppia, nonché come luogo adatto ad accogliere meeting ed eventi. Gli inconfondibili motivi arabeggianti sono presenti anche nelle spaziose camere e suite, tutte dotate di affaccio esterno: dalla vista sul mare, a quella su Venezia e la sua laguna, alla suggestiva Corte Moresca con la fontana e il giardino.

Recentemente l'hotel ha visto una rinascita che ci aspettiamo porti ancora più lontano.

Cenare all'Adriatico Terrace ci trasporta in atmosfere d'altri tempi. Il servizio attento, la spiaggia e le onde sul bagnasciuga quasi ipnotizzano l'ospite. L'attenta carta dello chef è invece contemporanea e legata ai prodotti della regione e ai piatti della tradizione italiana coniugati prestando attenzione alla leggerezza.

85

Hotel Excelsior Venice Lido Resort

Lido, Venezia

The magic of the water with San Marco gradually disappearing plunges us into the relaxed atmosphere of the lagoon. Arriving by speedboat is always fascinating and highly recommended. We went back to the Excelsior in Venice, the hotel of the movie stars on the Lido Island.

Directly overlooking the Lido beach, the Hotel is a masterpiece of early twentieth-century Venetian art. The construction of this iconic hotel was commissioned by the entrepreneur Niccolò Spada to the famous Venetian architect Giovanni Sardi who, in just seventeen months, transformed the project into reality. On the evening of 21 July 1908, more than 30,000 Venetians and over 3,000 guests from all over the world attended the inauguration of the hotel.

An exclusive Resort with an unmistakable Moorish style, the hotel has always proved to be the ideal destination for family vacations or special moments for romantic couples, beyond being a suitable place to host meetings and events. The unmistakable Arabian motifs are also present in the spacious rooms and suites, all of which with an exterior view - from the sea, to Venice and its lagoon, to the charming Moresque Corte with its fountain and garden.

Recently the hotel has seen a renaissance that we expect will take it even further.

Dining at the Adriatic Terrace transports us to an atmosphere of other times. The attentive service, the beach and the waves on the shore almost hypnotize the guest. The chef's menu is, on the other hand, contemporary and linked to the products of the region and traditional Italian dishes combined with attention to lightness.

Hotel Excelsior Venice Lido Resort

Lido, Venezia

INFO HOTEL

Hotel Excelsior Venice Lido Resort
Venezia

www.hotelexcelsiorvenezia.com

location	beach
typology	beach resort
chain	Iconic Luxury Hotels
affiliation	none
rooms	196
spa	yes
pool	yes
stars	*****
cost	$$

92/100

Belmond Hotel Splendido

Portofino

L'incanto dello Splendido, hotel dall'anima antica che sorge quasi sospeso sulla baia di Portofino, perpetua la sua estasi con le eleganti suite. In tanta bellezza, arredi, design, dettagli, modulazione degli spazi, si rivelano come una scelta di gran gusto che ben si sposa con la sofisticata eleganza che, da sempre, caratterizza questo esclusivissimo rifugio.

Fresche e piacevoli, le suite al quinto piano hanno, inutile dirlo, una vista impareggiabile che comunica emozioni uniche. La luce moltiplica la sensazione di grandezza trasmessa da questi ambienti sereni, mentre la prevalenza del bianco contribuisce a creare un'atmosfera rilassata. Il décor, semplice quanto raffinato, non lascia nulla al caso. Comodità e funzionalità s'intrecciano invece con la quiete particolare che si respira vivendo nelle nuove suite dello Splendido.

The charm of the Splendido, hotel with an antique soul that arises almost suspended over the bay of Portofino, perpetuates its ecstasy with its elegant suites. In such beauty, decor, design, detail, spatial modulation, they present themselves as a choice of great taste that goes well with the sophisticated elegance that has always characterized this very exclusive retreat.

Cool and pleasant, the suites on the fifth floor have, needless to say, an incomparable view that evokes unique emotions. The light multiplies the feeling of grandeur given by these serene settings, while the prevalence of white helps to create a relaxed atmosphere. The décor, simple and elegant, does not leave anything to chance. Comfort and functionality are instead intertwined with the particular atmosphere that one breathes experiencing the new suites of the Splendido.

grand tradition

INFO HOTEL

Belmond Hotel Splendido
Portofino

www.belmond.com

location	sea
typology	sea resortl
chain	Belmond
affiliation	none
rooms	67
spa	yes
pool	yes
stars	*****
cost	$$$

Borgo Egnazia

Savelletri

LHW
THE LEADING HOTELS
OF THE WORLD®

MASSERIA

Ideale per una fuga in tutte le stagioni, Borgo Egnazia gioca la tripla carta del leisure haut de gamme, del benessere e della gastronomia.

Pensato per valorizzare al massimo il territorio pugliese, Borgo Egnazia, suddiviso in Corte, Borgo e Ville, declina un universo design d'interni attentissimo al décor, chic e tradizionale, inserito in un contesto semplice e raffinato allo stesso tempo. L'architetto e scenografo Pino Brescia sancisce infatti l'alleanza tra l'architettura pugliese delle masserie e dei villaggi rurali con un forte senso di contemporanea autenticità.

Il resort, con i suoi percorsi adatti a coppie e famiglie, è un'oasi di riposo adagiata in un incantevole angolo della Puglia ed offre attività pronte a sedimentarsi in esperienze indimenticabili.

Ideal for a getaway in all seasons, Borgo Egnazia plays the triple card of haut de gamme leisure , wellness and gastronomy.

Designed to maximize the Apulian territory, Borgo Egnazia, divided into Court, Village and Villas, presents a universe of interior design which is attentive to décor, chic and traditional. All this is simultaneously inserted into a simple and elegant context. The architect and designer Pino Brescia, in fact, validates the alliance between the Apulian architecture of farms and rural villages with a strong sense of contemporary authenticity.

The resort, suited to couples and families, is an oasis of rest set in an enchanting corner of Puglia, offering activities ready to become unforgettable experiences.

masseria

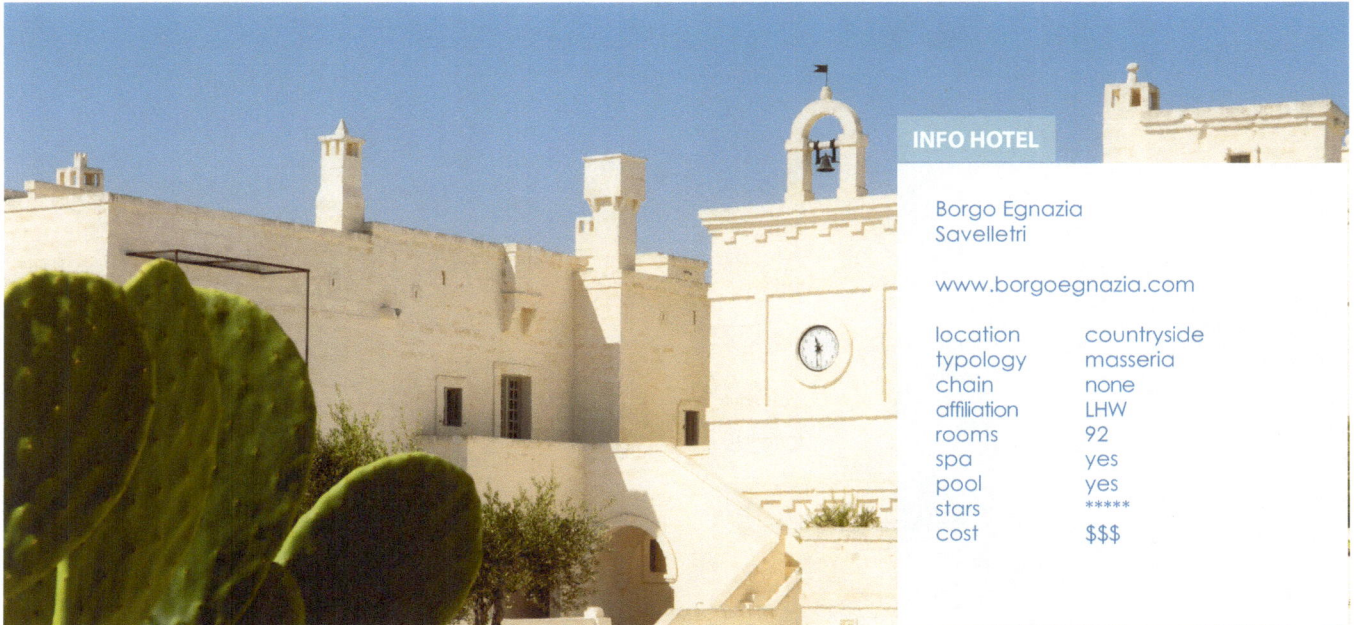

INFO HOTEL

Borgo Egnazia
Savelletri

www.borgoegnazia.com

location	countryside
typology	masseria
chain	none
affiliation	LHW
rooms	92
spa	yes
pool	yes
stars	*****
cost	$$$

Masseria Torre Maizza

Savelletri

Sensibile alla storia ed all'identità del luogo, la masseria Torre Maizza firmata Rocco Forte Hotels è immersa tra gli olivi che sfumano nel blu del mare Adriatico della Puglia ed accoglie l'ospite regalandogli la serenità che scaturisce dall'immersione nell'intenso stile di vita mediterraneo.

Torre Maizza è infatti uno spazio attentamente orchestrato per regalare un'esperienza molteplice da vivere approfittando di un contesto elegante in cui il silenzio s'intreccia con la civiltà contadina e la modernità.

Gli interni contemporanei delle camere e suite, progettati da Olga Polizzi, sono sobrii ed estremamente ricercati arricchiti da dettagli che contribuiscono ad infondergli una personalità modellata sull'identità del territorio pugliese. Tutto attorno oliveti e spazi immersi nel verde disegnano l'armonia del luogo. Ritagliato nel verde è l'ambiente rilassante della piscina che è arricchito dal Pool Bar apprezzato anche per la sua ottima pizza.

Sensitive to the history and identity of the place, the Torre Maizza masseria, under the brand Rocco Forte Hotels, is surrounded by olive trees that blend into the blue of the Adriatic Sea of Puglia and welcomes guests with an offer of serenity that comes from immersion into the intense style of Mediterranean life.

Torre Maizza is, in fact, a space carefully orchestrated to offer a multiple experience by taking advantage of an elegant setting where silence is intertwined with peasant civilization and modernity.

The contemporary interiors of the rooms and suites, designed by Olga Polizzi, are sober and extremely refined, enriched with details that contribute to instilling a personality modeled on the identity of the Apulian territory. All around olive groves and spaces surrounded by greenery create the harmony of the place. Situated in the green is the relaxing environment of the pool enriched by the Pool Bar where one can also enjoy an excellent pizza.

Masseria Torre Maizza

Savelletri

INFO HOTEL

Masseria Torre Maizza
Savelletri

www.roccoforte.com

location	countryside
typology	masseria
chain	Rocco Forte Hotels
affiliation	none
rooms	40
spa	yes
pool	yes
stars	*****
cost	$$$

Villa Tolomei Hotel & Resort

Firenze

L'antica residenza dei Tolomei, le cui origini risalgono al Trecento anche se le forme attuali sono settecentesche, ci appare ancora con i suoi stucchi e affreschi. I tromp-l'oeil giocano con gli affacci sulla campagna circostante offrendo scorci di una Toscana sempre bella e glamour.

A pochi minuti dal centro storico di Firenze siamo in aperta campagna, circondati da uliveti e vigneti.

Una dimora rinascimentale isolata sui colli fiorentini. Da poco sapientemente restaurata Villa Tolomei regala silenzio e discrezione.

Mentre lo chef sorprende con una cucina che sa di tradizione e innovazione ma che non finisce mai di stupire. Positivamente. Un artigiano dei sapori.

Una residenza gourmet quindi, poche stanze, ottimo servizio, tanta pace. Vicini ma lontani, per chi non vuole ostentare e cerca una qualità discreta e "saporita".

All'interno della struttura si trova, inoltre, l'Azienda Agricola Tenuta Tolomei, dove si producono eccellenti prodotti locali: Olio Extravergine di oliva e Vino Rosso e Rosè Tolomei.

The former residence of the Tolomei, whose origins date back to the fourteenth century - though the present forms are from the eighteenth century - is still present today with its stucco and frescoes. The trompe-l'oeils play with views of the surrounding countryside, offering very beautiful and glamorous Tuscan views. A few minutes from the historic center of Florence and we are in the open countryside, surrounded by olive groves and vineyards.

A Renaissance house isolated in the Florentine hills. Villa Tolomei, recently restored with great attention, offers silence and discretion.

Villa Tolomei Hotel & Resort

Firenze

The Chef surprises with a cuisine that tastes of tradition and innovation but never ceases to amaze. Positively so. An artisan of flavors.

A gourmet residence therefore with few rooms, great service and lots of peace. Close but far away, for those who do not wish to flaunt and are in search of discreet and "tasty" quality.

Inside the property there is the Azienda Agricola Tenuta Tolomei, where excellent local products are produced: extra virgin olive oil and red wine and Rosè Tolomei.

Villa Tolomei Hotel & Resort

Firenze

INFO HOTEL

Villa Tolomei Hotel & Resort
Firenze

www.villatolomeihotel.it

location	hill
typology	countryside villa
chain	Is Hotels Italia
affiliation	Dimore Storiche
rooms	30
spa	no
pool	yes
stars	*****
cost	$$

82/100

Grand Hotel Tremezzo

Tremezzo

L'hotel ha aperto i suoi battenti nel 1910, nel cuore della Belle Époque. La famiglia proprietaria del Grand Hotel Tremezzo gestisce uno dei luoghi più incantevoli del lago di Como, con una spettacolare vista panoramica su Bellagio, la Riviera delle Azalee e sulle splendide vette rocciose delle Grigne. L'hotel storico dispone di 90 tra camere e suite, tutte caratterizzate da una vista mozzafiato sul lago o sul parco secolare di 20.000 mq. La raffinata T Spa e le Rooftop Suite all'ultimo piano sono state elegantemente progettate dal rinomato studio di architettura Venelli Kramer.

La T Spa oggi offre oltre 1.000 mq. di spazio dedicato al benessere 'a misura di lago' firmati Officina Santa Maria Novella. Con la sua splendida piscina coperta con vista panoramica, le sue lussuose cabine trattamento, il nail studio, una privatissima Spa Suite e un prezioso Hammam di ispirazione orientale, completa la sua offerta con una nuova area umida, con sauna vista lago, bagno di vapore e bagno mediterraneo. A renderla ancora più speciale sono le sale d'epoca della settecentesca Villa Emilia, con soffitti affrescati e pavimenti in mosaico.

Dating back to 1910 and with the aura of Art Nouveau for its style and decoration, the family owned Grand Hotel Tremezzo commands one of the most enchanting positions on Lake Como with spectacular panoramic views of both the town of Bellagio, the Riviera delle Azalee and the stunning Grigne Mountains. The historic hotel has 90 rooms and suites, all of which offer guests breath-taking views of the lake or the hotel's century-old 20,000 sqm park and gardens. The sensational all-suite Rooftop Floor is stylishly designed by the Italian designer, Venelli Kramer. The lavishly-appointed suites each come with their own private terrace, outdoor Jacuzzi, butler service and panoramic views of the lake.

The hotel has three swimming pools: Water On the Water, a floating pool just in front of the private beach; Flowers Pool, a pool surrounded by its own delightful private gardens and the indoor T Spa Infinity Pool.

must try

INFO HOTEL

Grand Hotel Tremezzo
Tremezzo

www.grandhoteltremezzo.com

location	lake
typology	lake resort
chain	none
affiliation	Legend Preferred Hotels & Resorts
rooms	90
spa	yes
pool	yes
stars	*****
cost	$$$

105

Hotel Brunelleschi

Firenze

Resti di un calidarium romano, una torre bizantina, edifici medievali e rinascimentali (forse appartenuti allo stesso Brunelleschi). Un insieme di spazi che con l'ultima ristrutturazione sono stati valorizzati accostandoli a materiali contemporanei permettendo all'ospite di ben distinguere ciò che è antico da quanto è stato aggiunto per rendere il soggiorno più funzionale e adeguato alle aspettative dell'ospite contemporaneo. Il tutto a metà strada tra il Duomo e Palazzo Vecchio: più centrale di così non potrebbe essere. Eppure è appartato, al centro di un isolato che lo protegge dal flusso continuo delle comitive di turisti.

La torre bizantina, l'architettura caratterizzante dell'hotel, ospita il Tower Bar, l'Osteria Pagliazza, dove si serve una cucina dagli ingredienti del territorio e, al primo piano, il ristorante bistellato Santa Elisabetta. Il contrasto tra antico e moderno è stato enfatizzato dalla pietra a vista accostata a vetro e acciaio. L'arredo è di uno stile eclettico che si ispira all'800 italiano.

Ogni stanza è diversa, unica potremmo dire, e tra tutte spiccano la Pool Suite (con una terrazza con jacuzzi e una fantastica vista sul Duomo), la Pagliazza Suite (dentro la torre, dalle pareti circolari) e la Duomo Suite così denominata per l'incredibile vista.

Entrambi i ristoranti sono sotto la guida dello chef Rocco De Santis che profonde le sue esperienze internazionali nelle due proposte. In realtà, anche nell'Osteria chef De Santis ripensa gli ingredienti del territorio componendoli in creazioni originali e innovative come i Ravioli in farcia di Carbonara / Manzo / Piselli o la Finta "Anatra" di Sedano Rapa / Spinaci / salsa orientale. Per poi con i dessert riportarci su percorsi più noti come la Tartelletta / Pistacchio / Limone / Lamponi.

Hotel Brunelleschi

Firenze

Remains of a Roman calidarium, a Byzantine tower, medieval and Renaissance buildings (perhaps belonging to Brunelleschi himself). A set of spaces that with the latest renovation have been enhanced by combining them with contemporary materials allowing guests to clearly distinguish what is ancient from what has been added to make their stay more functional and appropriate to the expectations of a contemporary guest. Everything midway between the Duomo and Palazzo Vecchio - it couldn't be more central than this. Yet it is secluded, in the center of a block that protects it from the continuous flow of tourist groups.

The Byzantine tower, the characterizing architecture of the hotel, houses the Tower Bar, the Osteria Pagliazza, where cuisine with local ingredients is served and, on the first floor, the two-star Santa Elisabetta restaurant. The contrast between ancient and modern has been emphasized by the exposed stone combined with glass and steel. The furniture is in an eclectic style inspired by the Italian 19th century.

Each room is different, unique we could say, and among them all stand out the Pool Suite (with a terrace with jacuzzi and a fantastic view of the Duomo), the Pagliazza Suite (inside the tower, with circular walls) and the Duomo Suite, so named for its amazing view.

Both restaurants are under the guidance of chef Rocco De Santis, who pours his international experience into the two proposals. In reality, even in the Osteria chef De Santis rethinks the ingredients of the territory, composing them in original and innovative creations such as Ravioli stuffed with Carbonara / Beef / Peas or the Fake Celeriac "Duck" / Spinach / oriental sauce. Then with the desserts, he takes us back to better-known paths such as the Tartelletta / Pistachio / Lemon / Raspberries.

INFO HOTEL

Hotel Brunelleschi
Firenze

www.hotelbrunelleschi.it

location	city
typology	city hotel
chain	none
affiliation	Virtuoso
rooms	96
spa	no
pool	no
stars	****
cost	$$$

MarePineta Resort

Milano Marittima

L'architettura contemporanea del "Cubo" ed il décor moderno delle camere e suites ben si fondono con le linee classiche del corpo principale risalente ai tardi anni Venti del Novecento. Simbolo dello stile di Milano Marittima, il MarePineta Resort riflette il suo passato glorioso senza però dimenticare di reinventarsi continuamente in modo tale da non deludere le attese della sua clientela.

Il MarePineta è un'oasi naturale di relax e di benessere sul mare, in pieno stile italiano, pensato per unire perfettamente l'alta ospitalità con il loisir. Ai suoi ospiti, offre perciò molto: dalle attività sportive, a partire dal tennis, alla gradevole Spa per approdare all'ampia spiaggia dove la vita di mare a 360° gradi si somma ai sapori mediterranei proposti dal ristorante Sabbie. Il desiderio dell'ospite di vivere un servizio personalizzato e maggiormente specializzato, senza dimenticare l'attenzione ai più piccoli, è così ben soddisfatto in tutte le sue forme.

La carta del ristorante The Cube ben interpreta i piatti di terra e di mare ponendo poi una particolare attenzione ai sapori del territorio: un invito quindi irrinunciabile per assaporare, anche attraverso l'esperienza gastronomica, l'art de vivre della Romagna. I ristoranti The Cube e Sabbie sono affidati all'executive chef Jures Alessi.

Il MarePineta di Milano Marittima si presenta con i tratti di un resort intimista adatto agli amanti del mare e dello sport da vivere fruendo però di una cornice ricca di personalità ed in grado di proporre un'accoglienza attenta e su misura.

Dal 6 maggio al 1° ottobre il resort ospita la mostra delle sculture di Park Eun Sun (a sinistra).

must try

MarePineta Resort

Milano Marittima

The contemporary architecture of the "Cube" and the modern décor of the rooms and suites blend well with the classic lines of the main building dating back to the late 1920s. Symbol of the style of Milano Marittima, the MarePineta Resort reflects its glorious past without forgetting to reinvent itself continuously in such a way as not to disappoint the expectations of its customers.

MarePineta is a natural oasis of relaxation and well-being by the sea, in full Italian style, designed to perfectly combine high hospitality with leisure. Therefore, it offers a lot to its guests: from sports activities - starting with tennis – then on to the pleasant Spa to land on the wide beach where 360 ° sea life is added to the Mediterranean flavors offered by the Sabbie restaurant. The guest's desire to experience a personalized and more specialized service, without forgetting the attention to the little ones, is extremely well satisfied in all its forms.

The menu of The Cube restaurant interprets land and sea dishes well, paying particular attention to the flavors of the territory. It offers an indispensable invitation to savor alongside the gastronomic experience also the art de vivre of Romagna. The Cube and Sabbie restaurants are entrusted to executive chef Jures Alessi.

MarePineta in Milano Marittima presents itself with the features of an intimate resort suitable for lovers of the sea and sports to be experienced while enjoying a setting full of personality and able to offer an attentive and tailor-made welcome.

From May 6 to October 1st, the resort hosts the exhibition of sculptures by Park Eun Sun (left).

MAREPINETA
RESORT
•••••
MILANO MARITTIMA

INFO HOTEL

MarePineta Resort
Milano Marittima

www.marepinetaresort.com

location	pineta
typology	sea resort
chain	none
affiliation	none
rooms	161
spa	yes
pool	yes
stars	*****
cost	$

Park Hyatt Milano

Milano

Ci sono luoghi che aiutano Milano a farsi accettare. Amata per il business la città di solito non è la scelta ideale per un fine settimana, se non per una mostra o una sfilata. Eppure grazie a strutture come il Park Hyatt ci si può regalare esperienze di sicuro appeal anche qui. L'albergo, che sorge di fianco alla Galleria Vittorio Emanuele II, recentemente è stato oggetto di un restyling che lo ha reso decisamente più luminoso. La scelta di una palette di toni chiari ha valorizzato gli spazi, rendendoli molto più contemporanei. La grande cupola di vetro che copre il cortile permette di godersi le facciate interne neoclassiche. Il nuovo arredo con i sedili foderati di specchi, alleggerisce gli spazi e dà all'ospite maggiore privacy anche se si trova nel cuore dell'hotel.

Le suite sono state rinnovate nel 2021 e vanno ad arricchire l'offerta di spazi esclusivi dell'hotel. Pavimenti in rovere chiaro e le pareti color vaniglia portano nuova luce negli spazi. Elementi di design contemporaneo sono sapientemente combinati con linee più classiche, creando una sintesi perfetta tra innovazione e tradizione. I mobili, tutti made in Italy e creati appositamente per il Park Hyatt Milano, sono arricchiti di pregiati dettagli artigianali.

Il coronamento di una esperienza al Park Hyatt Milano è una sosta al Ristorante Pellico 3, il signature restaurant dell'hotel. Raffinato, di design, servizio impeccabile, cucina innovativa con un occhio alla tradizione mediterranea (non solo italiana). L'executive chef Guido Paternollo persegue un ideale di leggerezza ed equilibrio tra piatti e design.

La Cupola, l'all-day dining lobby lounge, propone i classici italiani e internazionali. Il Mio Lab, il bar dell'hotel, arricchito da un elegante dehors, è un frequentato cocktail bar dove l'arte della mixology si sposa con le tendenze più recenti catturando l'attenzione di un parterre di ospiti quanto mai vario.

Infine una sosta all'Aqvam Spa. Una urban spa completa di bagno turco, vasca idromassaggio e varie cabine per trattamenti. I prodotti per il viso sono di 111skin, il noto brand inglese "clinically ispired" tutto giocato sulla comprensione dei processi di invecchiamento della pelle (interni ed esterni). Lo spazio benessere si completa con una raccolta ma ben attrezzata palestra.

Con poco più di cento stanze questo raffinato hotel milanese offre tutto quello che ci si aspetta con un servizio personalizzato e in un ambiente di classe ed esclusivo. Con un occhio particolare alla salute e al gusto, il che non guasta.

Park Hyatt Milano

Milano

There are places that help Milan gain acceptance. Loved for business, the city is usually not the ideal choice for a weekend, except for an exhibition or a fashion show. And yet, thanks to facilities like the Park Hyatt, you can treat yourself to experiences of sure appeal here too. The hotel, which stands next to the Galleria, has recently undergone a restyling that has made it much brighter. The choice of a light tone palette has enhanced the spaces, making them much more contemporary. The large glass dome that covers the courtyard allows you to enjoy the neoclassical interior façades. The new furniture with seats lined with mirrors lightens the spaces and gives the guest more privacy even if they are in the heart of the hotel.

The suites were renovated in 2021 and enrich the hotel's offer of exclusive spaces. Light oak floors and vanilla colored walls bring new light into the spaces. Contemporary design elements are skillfully combined with more classical lines, creating a perfect synthesis between innovation and tradition. The furniture, all made in Italy and specially created for Park Hyatt Milano, is enriched with fine handcrafted details.

The crowning glory of an experience at the Park Hyatt Milan is a stop at Ristorante Pellico 3, the hotel's signature restaurant. Refined, design, impeccable service, innovative cuisine with an eye to the Mediterranean tradition (not only Italian). Executive chef Guido Paternollo pursues an ideal of lightness and balance between dishes and design.

La Cupola, the all-day dining lobby lounge, offers Italian and international classics. Mio Lab, the hotel bar, enriched by an elegant dehors, is a popular cocktail bar where the art of mixology weds the most recent trends, capturing the attention of quite a varied parterre of guests.

Finally, a stop at the Aqvam Spa. An urban spa complete with Turkish bath, Jacuzzi and various treatment cabins. The facial products are by 111skin, the well-known English brand "clinically inspired" all played on the understanding of skin aging processes (internal and external). The wellness space is completed with a small but well-equipped gym.

With just over 100 rooms, this refined Milanese hotel offers everything one would expect with personalized and attentive service in a classy and exclusive environment - with a particular eye to health and taste, which never hurts.

must try

INFO HOTEL

Park Hyatt Milano
Milano

www.hyatt.com

location	city
typology	city hotel
chain	Hyatt
affiliation	none
rooms	106
spa	yes
pool	yes
stars	*****L
cost	$$$

80/100

Grand Hotel Palace

Roma

Sono passati più di sessant'anni da quando Fellini girò "La dolce vita" eppure ancora oggi via Veneto a Roma ha un che di magico. Così come gli alberghi che vi si affacciano e il Grand Hotel Palace non poteva essere da meno.

Costruito nel 1927 dall'architetto Marcello Piacentini, non è Liberty ma nemmeno Art Deco, il suo stile piuttosto si potrebbe definire un modernismo romano. La sua facciata curva, la bicromia dovuta all'accostamento del bianco travertino con la pietra ocra, i pronunciati rimandi al Neoclassicismo ne fanno un monumento oltre che un hotel. In origine si chiamava Palazzo degli Ambasciatori, venne poi suddiviso in Grand Hotel Palace e Ambasciatori Palace. Nel 2010 è stato completamente rinnovato introducendo anche la spa.

Tra gli artisti chiamati a decorarlo troviamo Guido Cadorin che ha interamente affrescato la sala omonima, oggi bar e ristorante dell'elegante hotel. Nove affascinanti scene con personaggi che si intrattengono in abito da sera. È proprio in questa elegante sala che troviamo un menu della tradizione italiana declinato in leggerezza.

Recentemente la gestione è passata alla Millennium Hotels and Resorts che lo ha inserito nel suo circuito internazionale rendendo merito alla classe ed eleganza della struttura.

palace

Grand Hotel Palace

Roma

More than sixty years have passed since Fellini filmed "La dolce vita" and yet today Via Veneto in Rome still has something magical about it – as do the hotels, such as the Grand Hotel Palace, that overlook it. They could not be outdone.

Built in 1927 by architect Marcello Piacentini, it is not Liberty but not even Art Deco. Its style could rather be defined as a Roman modernism. Its curved façade, the duotone due to the combination of white travertine with ocher stone, the pronounced references to Neoclassicism all make it a monument as well as a hotel. Originally called Palazzo degli Ambasciatori, it was later divided into Grand Hotel Palace and Ambasciatori Palace. In 2010 it was completely renovated, also introducing the spa.

Among the artists called to decorate it, we find Guido Cadorin, who entirely frescoed the hall of the same name - now a bar and restaurant of the elegant hotel. Guest can enjoy nine fascinating scenes with characters entertaining themselves in evening attire. It is in this elegant room that we find a menu of the Italian tradition declined in lightness.

Recently, the management has passed over to Millennium Hotels and Resorts which has included it in its international circuit, giving credit to the class and elegance of the hotel.

GRAND HOTEL PALACE

INFO HOTEL

Grand Hotel Palace
Roma

www.millenniumhotels.com

location	city
typology	city palace
chain	Millennium Hotels & Resorts
affiliation	Preferred Hotels & Resorts
rooms & suites	86
spa	yes
pool	yes
stars	*****
cost	$$

Helvetia & Bristol

Firenze

LHW
THE LEADING HOTELS
OF THE WORLD®

Ci si muove con rispetto nell'albergo fondato dallo svizzero Gaetano Mosca ed inaugurato il 28 giugno 1883. L'Hotel è infatti una dimora di charme caratterizzata dalla presenza del "Giardino d'inverno" rifugio di ospiti e intellettuali.

Oggi chi scende all'Helvetia & Bristol ritrova quell'atmosfera di lusso ricercato che è in grado di affascinarlo facendolo subito entrare in sintonia con l'anima culturale di Firenze. Il caminetto accoglie nella hall. Un angolo d'intimità e gusto arredato come un salotto per gli ospiti. Le camere dipingono un quadro d'epoca. Tutte diverse nelle forme e nei colori, rivelano il loro carattere unico attraverso i pezzi d'antiquariato dell'arredo che, però, nulla sottraggono al moderno comfort.

Impossibile poi non lasciarsi sedurre dai piaceri del palato a partire dalla colazione firmata da Iginio Massari. Poi una sosta al Cibrèo Ristorante, la scelta migliore per conoscere la carta dell'iconico ristorante fiorentino che festeggia ormai quarant'anni di successi i cui piatti esaltano, con attenzione, i sapori semplici della tradizione.

Ricercato, ricco di memoria e alla moda allo stesso tempo, l'Helvetia & Bristol sa accontentare una clientela esigente che ama essere ospite della storia: l'erede diretta degli aristocratici viaggiatori del Grand Tour da sempre stregati dalle bellezze di Firenze.

One moves with respect around the hotel founded by the Swiss Gaetano Mosca and inaugurated 28 June 1883. The hotel is, in fact, a charming abode characterized by the presence of the "winter garden" refuge of guests and intellectuals.

Today those who stop off at the Helvetia & Bristol find a luxurious and refined atmosphere which makes it fascinating and in tune with the cultural soul of Florence. A fireplace welcomes guests in the lobby. A corner of intimacy and taste furnished like a salon for guests. The rooms evince an epoch tableau. All different in forms and color, revealing a unique character with antique furnishings which, however, do not subtract from modern comfort.

Helvetia & Bristol

Firenze

It is impossible to avoid being seduced by the pleasures of the palate. Starting from the breakfast by Iginio Massari followed by a stop at the Cibrèo Ristorante, the best choice to get to know the menu of the iconic restaurant catering with a success story for over 40 years. The dishes here attentively exalt the flavors of simple things and tradition.

Refined, rich in memory and in vogue at the same time, Helvetia & Bristol can please demanding guests who love being guests of history, for it is the direct heir of aristocratic travellers of the Grand Tour who have forever been bewitched by the beauty of Florence.

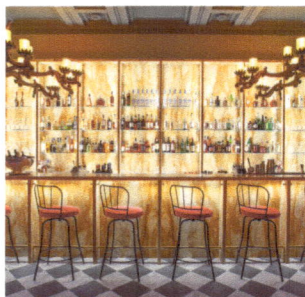

palace

Helvetia & Bristol

Firenze

palace

Helvetia & Bristol - LA SPA

Firenze

Recentemente è stata inaugurata la nuova spa dell'hotel. Un'ampia struttura dal design molto contemporaneo, dove dominano i toni chiari e tra i materiali sono ricorrenti il travertino e il legno. La spa sorge proprio dove un tempo erano le Terme Capitoline della Florentia romana. Tra i vari ambienti è evidente il richiamo alla tradizione imperiale romana: troviamo l'hammam (il calidarium), la sauna finlandese (sudatorium), la stanza del sale (tepidarium) e la stanza del ghiaccio (frigidarium). I vari ambienti ruotano attorno a una sorprendente piscina sulle cui pareti sono proiettate immagini idilliache. La spa è aperta a membership esterne e per la cosmesi usa prodotti Cinq Mondes.

La gestione è stata affidata alla Snow Group Italia, società emanazione dell'omonima francese, che cura i brand Deep Nature, Cinq Mondes e Algotherm. L'internazionalità del gruppo si riflette nella professionalità delle terapiste, nella visione del concept e nel menu delle esperienze proposte.

The new hotel spa was recently inaugurated. A large structure with a very contemporary design, where light tones dominate, while and travertine and wood are recurring among the materials. The spa is located right where the Capitoline Baths of Roman Florentia once were. The reference to the Roman imperial tradition is evident among the various rooms: guest find the hammam (calidarium), the Finnish sauna (sudatorium), the salt room (tepidarium) and the ice room (frigidarium). The various rooms revolve around a surprising swimming pool on whose walls idyllic images are projected. The spa is open to external memberships and uses Cinq Mondes products for cosmetics.

The Spa is managed by Snow Group Italia, part of the French homonymous company, which manages the Deep Nature, Cinq Mondes and Algotherm brands. The internationality of the group is reflected in the professionalism of the therapists, in the vision of the concept and in the menu of the experiences proposed to the guests.

INFO HOTEL

Helvetia & Bristol
Firenze
https://collezione.starhotels.com

location	city
typology	city palace
chain	Starhotels
affiliation	LHW
rooms	89
spa	yes
pool	yes
stars	*****
cost	$$$

Aman Venice

Venezia

palace

Scendendo dal motoscafo siamo subito accolti dal caloroso benvenuto del personale. È un po' come tornare a casa dopo un viaggio, con la differenza che quello è il viaggio.

Un viaggio nella magia di un palazzo storico il cui maniacale restauro, terminato nel 2014, è stato anche premiato. Le sale si susseguono tra camini in marmo barocchi e rococò, stucchi neoclassici, preziose carte da parati, affreschi e marmi pregiati.

Una storia che si riflette anche nella raccolta spa. Tre sale per un menù di "preziosi" trattamenti i cui ingredienti includono anche perle, ametista, giada e incenso. Prodotti privi di additivi chimici come da consolidata tradizione Aman.

Getting off the motorboat we are immediately greeted with the warm welcome of the staff. It's a bit like coming home after a trip, with the difference that this is the journey - a journey through the magic of a istoric building whose maniacal restoration, completed in 2014, has also beenawarded.

The rooms appear one after the other with baroque and rococo marble fi replaces, neoclassical stuccoes, precious wallpapers, frescoes and precious marbles.

A story that is also refl ected in the spa collection. Three rooms for a menu of "precious" treatments whose ingredients also include pearls, amethyst, jade and incense; products without chemical additives as established by the Aman tradition.

palace

INFO HOTEL

Aman Venice
Venezia

www.aman.com

location	city
typology	city palace
chain	Aman Resorts
affiliation	none
rooms	24
spa	yes
pool	no
stars	*****L
cost	$$$

Palazzo Portinari Salviati

❀ MICHELIN STAR

Firenze

Intreccia la storia, l'arte e l'ospitalità Palazzo Portinari Salviati, nuovo indirizzo dell'ospitalità di Firenze che accoglie i suoi ospiti in un edificio storico affacciato su via del Corso ed a pochi passi dal Duomo.

L'attenta ristrutturazione ha valorizzato il taglio architettonico della dimora fiorentina, d'impianto quattrocentesco ed ampliata poi nel secolo seguente, facendone un albergo di alto livello.

Gli storici spazi architettonici hanno così assunto una dimensione ben definita che è stata capace di combinare, allo stesso tempo, classe e moderna tecnologia.

Intimità e gusto nell'amalgamare l'antico con il moderno caratterizzano le ampie ed eleganti suites. Un momento di relax lo propone, negli antichi sotterranei del palazzo, la Vita Nova Spa.

La maestosa Corte di Cosimo I accoglie il cuore dell'intensa e raffinata vita sociale di Palazzo Portinari Salviati: il "Salotto Portinari Bar & Bistrot". Un intrigante luogo di incontro caratterizzato da una proposta gastronomica incentrata sulla magistrale rivisitazione dei classici della cucina italiana affidata allo chef Vito Mollica al pari del ristorante gourmet stellato Chic Nonna.

Fin dal primo momento, Palazzo Portinari Salviati affascina l'ospite per la sua cornice elegante, gli arredi d'epoca e il servizio curato regalandogli una suggestiva esperienza nel rinascimento fiorentino.

Intertwining history, art and hospitality, Palazzo Portinari Salviati, a new address of Florentine hospitality, welcomes its guests to a historic building overlooking via del Corso and a few steps from the Duomo.

The careful renovation enhanced the architectural design of a Florentine home from a fifteenth -century plan

Palazzo Portinari Salviati

Firenze

that was then expanded in the following century, making it a high -level hotel. Historical architectural spaces have thus assumed a well -defined dimension that has been able to simultaneously combine class and modern technology.

Intimacy and taste in amalgamating the ancient with the modern characterize the large and elegant suites. A moment of relaxation is proposed by the Vita Nova spa in the ancient underground area of the palace.

The majestic court of Cosimo I welcomes the heart of the intense and refined social life of Palazzo Portinari Salviati: the "Portinari Salotto Bar & Bistrot". An intriguing meeting place characterized by a gastronomic proposal focused on the masterful reinterpretation of the classics of Italian cuisine entrusted to chef Vito Mollica just like at the stared Gourmet Restaurant Chic Nonna.

From the first moment, Palazzo Portinari Salviati fascinates guests with its elegant setting, vintage furnishings and excellent service, giving them a suggestive experience of the Florentine Renaissance.

Palazzo Portinari Salviati

Firenze

palace

INFO HOTEL

Palazzo Portinari Salviati
Firenze

www.ldchotelsitaly.com

location	city
typology	historic palace
chain	LDC Hotels
affiliation	Select Hotels & Resorts
rooms	13
spa	yes
pool	yes
stars	*****
cost	$$$

Palazzo Ripetta

Roma

In via di Ripetta, a pochi passi da Piazza del Popolo, dal museo dell'Ara Pacis e dal Mausoleo di Augusto, troviamo il Palazzo Ripetta. Quello che nel 1600 fu l'ex Conservatorio della Divina Provvidenza, è oggi un hotel 5 stelle indipendente, in grado di coniugare armonicamente storia, cultura e design. Il sobrio aspetto esterno contrasta piacevolmente con l'ingresso che si apre ad accogliere gli ospiti con breve scalinata di marmo sovrastata da una Sfera di Arnaldo Pomodoro, mentre in prossimità degli eleganti ascensori si può ammirare una scultura di Manzù.

L'edificio risale al XVII secolo e fu oggetto di un primo restauro nel 1968, ad opera dell'architetto Luigi Moretti, protagonista del panorama architettonico italiano del '900, di cui si possono ancora oggi ammirare gli stucchi originali e le volte di alcune sale del palazzo. Quella che era una cappella affrescata del 1600, oggi sconsacrata, è diventata un'elegante sala meeting e ovunque domina l'armonica convivenza di opere d'arte di varie epoche ed il design contemporaneo.

Nel 2020 l'immobile è stato oggetto di un ulteriore imponente restauro con l'obiettivo di adeguarlo ai più moderni standard dell'ospitalità di lusso. Le tinte chiare e morbide degli interni creano uno spazio caldo ed avvolgente. I tessuti ricercati, i marmi, gli arredi e le rifiniture pregiate concorrono a creare armonia e fanno di Palazzo Ripetta un tempio di lusso sobrio ed elegante, dove il design contemporaneo e l'arte dialogano con la storia.

La gentilezza e l'attenzione per gli ospiti sono una caratteristica di tutto il personale e particolarmente curato è il servizio della colazione con la pasticceria a vista firmata dal Pastry Chef Giuseppe Solfrizzi, patron di Le Levain.

La posizione di Palazzo Ripetta permette di immergersi nella bellezza della Città Eterna e di godere di un'ospitalità discreta ed autentica, circondati dalla storia e dal fascino di uno dei suoi palazzi nobiliari più belli.

Palazzo Ripetta

Roma

In Via di Ripetta, a few steps far from Piazza del Popolo, the Ara Pacis museum and the Mausoleum of Augustus, we find the Palazzo Ripetta. What in 1600 was the former Conservatory of Divine Providence, is now an independent 5-star hotel, where history, culture and design combine perfectly. The sober façade contrasts pleasantly with the entrance that welcomes guests with a short marble staircase dominated by a Sfera of Arnaldo Pomodoro, while near the elegant elevators you can admire a sculpture of Manzù.

The building dates back to the seventeenth century and was restored for the first time in 1968 by the architect Luigi Moretti, Italian archi-star of the 20th century whose original stuccos and vaults can still be admired in many parts of the building. The frescoed chapel of 1600, now deconsecrated, has become an elegant meeting room and everywhere art and contemporary design live together in perfect harmony.

In 2020 the building was subjected to a further impressive restoration with the aim of adapting it to the most modern standards of luxury hospitality. The light and soft colors of the interiors create a warm and welcoming environment.

The refined fabrics, marbles, furnishings and the elegant finishes make Palazzo Ripetta a sober and elegant luxury temple, where art and contemporary design dialogue with history. Kindness and attention to guests are traits common to all the staff; particularly cared for is the breakfast service with the pastry shop, signed by Pastry Chef Giuseppe Solfrizzi, patron of Le Levain.

The location of Palazzo Ripetta allows you to immerse yourself in the beauty of the Eternal City and enjoy discreet and authentic hospitality, surrounded by the history and charm of one of the most beautiful noble palaces in Rome.

INFO HOTEL

Palazzo Ripetta
Firenze

www.ldchotelsitaly.com

location	city
typology	historic palace
chain	none
affiliation	none
rooms	78
spa	no
pool	yes
stars	*****
cost	$$$

Villa Igiea

Palermo

Igiea come la ninfa della salute, sul mare a un passo dal centro di Palermo. Proprio di fronte al porto, con alle spalle il monte Pellegrino e attorno giardini profumati.

Ricavato in una grande villa di fine Ottocento realizzata in stile Liberty dall'architetto Ernesto Basile questo grand hotel oggi è parte della catena di Rocco Forte. L'architettura è eclettica con reminiscenze neogotiche, già abbondante nelle dimensioni originali volute dalla famiglia committente, quella dei Florio. All'interno vi sono ancora gli affreschi originali realizzati durante la Belle Epoque e alcuni degli arredi originari.

La posizione privilegiata, su una altura prospiciente il porto turistico, è sicuramente uno dei suoi plus. La terrazza del ristorante come le camere del resto traggono notevole vantaggio dalla vista. Il ristorante Florio serve cucina mediterranea e soprattutto nelle calde sere d'estate con la sua ampia terrazza è un ambito salotto.

Hygeia, the goddess of health, at the seaside near the center of Palermo. Right in front of the harbor, with mount Pellegrino at her back and fragrant gardens all around.

Created from a spacious late 18th-century liberty-style villa by architect Ernesto Basile, the property is today part of the Rocco Forte Hotel. The architecture is eclectic with neo-gothic influences. The original structure commissioned by the Florio family already boasted exceptionally large dimensions. Inside we can still find the original frescoes realized at the time of the Belle Époque along with some of the original furnishings.

The outstanding position - on a rise facing the tourist port - is certainly one of its best assets. The terrace of the restaurant and the rooms alike enjoy the exceptional advantage afforded by the view. The restaurant Florio serves Mediterranean cuisine, and its sizeable terrace is a greatly-appreciated meeting point, especially during warm summer evenings.

83/100

Villa Igiea a Rocco Forte Hotel

Palermo

INFO HOTEL

Villla Igiea
Palermo

www.roccofortehotels.com

location	port
typology	historic palace
chain	Rocco Forte Hotels
affiliation	none
rooms	100
spa	yes
pool	yes
stars	*****L
cost	$$$

157

San Clemente Palace Kempinski

THE LEADING HOTELS OF THE WORLD®

Venezia

Un'isola privata nella laguna di Venezia, fra storia eleganza e natura. Un lembo di terra sospeso sulla laguna dinanzi al Lido di Venezia. Un antico convento dei monaci Camaldolesi sapientemente restaurato. Attorno un parco secolare e il silenzio. Una location assolutamente unica in Venezia, ideale per chi è alla ricerca di privacy e tranquillità.

Un'elegante imbarcazione in legno attende gli ospiti in Piazza San Marco. Ci si lascia alle spalle la vivace moltitudine dei turisti e in pochi minuti si approda in questo riservato angolo di pace. Subito si viene avvolti dall'atmosfera spirituale del convento, sopravvissuta attraverso i secoli.

La sobria linea esterna dell'hotel contrasta piacevolmente con gli eleganti interni, i sontuosi lampadari in vetro di Murano e le ricercate composizioni floreali. Tenui colori pastello avvolgono dolcemente l'ospite nelle diverse tipologie di stanze, tutte ampie e particolarmente luminose. Incantevole ed affascinante la vista sulla laguna di cui si gode da tutte le Junior Suite Relax.

A Private Island in the Lagoon of Venice, amid history, elegance and a natural strip of land suspended in the lagoon before the Lido of Venice. An antique convent of the Camaldolese Monks, elegantly restored. All around a century-old park and silence. An absolute unique location in Venice. Ideal for those in search of privacy and tranquility.

An elegant wooden wharf awaits the guests in San Marco square. One leaves behind the multitude of tourists and in a short time arrives in this reserved corner of peace. Immediately one feels surrounded by the spiritual atmosphere of the convent, outlasting the centuries.

The sober exterior line of the hotel pleasantly contrasts with the elegant interiors, the sumptuous Murano crystal chandeliers and the delightful floral compositions. Tenuous pastel colours sweetly envelop the guests in various types is rooms, all spacious and particularly bright. The view of the lagoon seen from all the Junior Suites Relax is enchanting.

romantic

INFO HOTEL

San Clemente Palace Kempinski
Venezia

www.kempinski.com

location	private island
typology	monastery
chain	Kempinski Hotels
affiliation	LHW
rooms	196
spa	yes
pool	yes
stars	*****
cost	$$$

159

Castello di Spaltenna

SMALL LUXURY HOTELS OF THE WORLD

MICHELIN STAR

Gaiole in Chianti

Sapora di medioevo la storia della pieve del castello di Spaltenna. Già nel 1060 la pieve era ricordata nelle pergamene della vicina Badia di Coltibuono. Era un centro ricco, con varie chiese, e dal XII secolo sotto il patronato dei Ricasoli si sviluppò divenendo un piccolo borgo. A presidio dell'insediamento fu costruito l'imponente monastero fortificato che contribuì a connotare il borgo come fortificato.

Nei secoli lo spartano complesso venne via via ingentilito e reso più confortevole senza mai raggiungere lo status di villa. Per questo ancora oggi buona parte degli edifici che lo compongono presentano un aspetto ancora medievale rendendo il soggiorno particolarmente affascinante. Ma se l'aspetto lo lega alla sua storia millenaria, le sue 37 stanze e suite sono invece all'avanguardia con tutti quei comfort che il viaggiatore contemporaneo si aspetta in una albergo e ancor più in un boutique hotel come questo. Non il lusso o l'opulenza quindi ma è l'attenzione al dettaglio a confermare all'ospite che si trova nel posto giusto per un soggiorno rilassante e rigenerante.

L'offerta ricettiva del complesso non si ferma al castello ma si estende ai vicini borghi di Vertine, dove si trova la Canonica e un elegante appartamento, e Le Caciaie dove si trova il Casale, rendendo Spaltenna di fatto un boutique hotel diffuso nel territorio circostante. Tutto attorno il Chianti, con uliveti, boschi e vigne.

Due le piscine, di cui una nuova infinity pool semi-olimpionica, tennis, shop di prodotti tipici e laboratorio di ceramica allietano la permanenza. L'offerta gastronomica spazia dall'informale La Terrazza con la sua pizzeria; all'Osteria Toscana, ospitata nella taverna per chi cerca i sapori della tradizione regionale; fino allo stellato Il Pievano, dove lo chef Stelios Sakalis propone una cucina mediterranea creativa.

La Pieve Spa dispone di una palestra attrezzata con macchine Technogym, una piscina interna riscaldata, sauna, tepidarium, bagno turco e docce emozionali. Il menu dei trattamenti beauty utilizza i prodotti La Colline, mentre per massaggi e ritual i prodotti sono a base di olio d'oliva prodotto nella tenuta.

Castello di Spaltenna

Gaiole in Chianti

The history of the parish church of Spaltenna has a medieval flavor. Already in 1060 the parish was mentioned in the parchments of the nearby Badia di Coltibuono. It was a rich center, with various churches, and from the 12th century under the patronage of the Ricasolis it developed into a small village. The imposing fortified monastery was built to guard the settlement, which contributed to connoting the village as a fortified one.

Over the centuries the spartan complex was gradually refined and made more comfortable without ever reaching the status of a villa. For this reason, even today, a large part of the buildings that compose it still have a medieval aspect, making the stay particularly fascinating. However, if the appearance links it to its millenary history, its 37 rooms and suites are avant-garde with all the comforts that the contemporary traveler expects in a hotel and even more in a boutique hotel like this. Not luxury or opulence therefore but it is the attention to detail that confirms to guests that they are in the right place for a relaxing and regenerating stay.

The accommodation offer of the complex does not stop at the castle but extends to the nearby villages of Vertine, where the Canonica and an elegant apartment are located, and Le Caciaie, where the Casale is located, making Spaltenna, in fact, a boutique hotel spread throughout the surrounding area- all around the Chianti, with olive groves, woods and vineyards.

Two swimming pools - one of which is a new semi-Olympic infinity pool – tennis courts, a shop selling typical products and a ceramics workshop will brighten your stay. The gastronomic offer ranges from the informal La Terrazza with its pizzeria; at the Osteria Toscana, housed in the tavern for those seeking the flavors of the regional tradition; up to the starred Il Pievano, where chef Stelios Sakalis offers creative Mediterranean cuisine.

La Pieve Spa has a gym equipped with Technogym machines, a heated indoor swimming pool, sauna, tepidarium, Turkish bath and emotional showers. The beauty treatments menu uses La Colline products, while for massages and rituals the products are based on olive oil produced on the estate.

romantic

romantic

romantic

INFO HOTEL

Castello di Spaltenna
Gaiole in Chianti

www.spaltenna.it

location	countryside
typology	castle
chain	none
affiliation	SLH
rooms	37
spa	yes
pool	yes
stars	****
cost	$$

Tenuta de l'Annunziata

Uggiate Trevano

Vicino a Como ma non sul lago, noto ma quasi invisibile, molti ne parlano ma pochi sanno dov'è, eppure è meta di personaggi dello spettacolo e influencer di provata fama. La potente seduzione di questo Natural Relais sta nell'understatment. Nel restare volutamente appartato, per farsi "scoprire" e magicamente apparire a chi veramente si vuole regalare un soggiorno di relax all'insegna della tranquillità, della salute e della buona cucina.

A proposito di cucina (ma anche di salute), per realizzare i piatti in menu nel ristorante Quercus lo Chef Salvatore Musso utilizza in buona parte i prodotti della tenuta stessa integrati dalle eccellenze del territorio, scelte tra piccole aziende famigliari condotte da appassionati che producono formaggi, salumi, frutta e verdura come si usava mezzo secolo fa. Una scelta che non limita la creatività di Chef Salvatore che riesce a valorizzare questi prodotti, anche graficamente, con impiattamenti di grande suggestione, sempre ben "raccontati" dal Restaurant Manager Domenico Abbruscato.

Le creazioni proposte in carta raccontano il territorio ma anche la stagionalità e l'identità della tenuta. Proprio come ha fortemente voluto la famiglia Guffanti, proprietaria dal 2007: un relais che fosse espressione dell'azienda di famiglia, nei prodotti e nel management. Non a caso alla guida dell'azienda agricola c'è il primogenito Adriano, mentre le sorelle Elisabetta e Arianna (a sinistra) gestiscono il relais.

Tenuta de l'Annunziata

Uggiate Trevano

Near Como but not on the lake; well-known but almost invisible. Many talk about it but few know where it is. Nevertheless, it is a destination for celebrities and influencers of proven fame. The powerful seduction of this Natural Relais lies in its understatement, in being deliberately secluded, ready to be "discovered" and magically appear to those who really want to have a relaxing stay in the name of tranquillity, health and good food.

Speaking of cooking (but also health), Chef Salvatore Musso, to create the dishes on the menu in the Quercus restaurant, mostly uses the products of the property, integrated with the excellences of the area, chosen from small family businesses run by enthusiasts who produce cheeses, meats, fruit and vegetables as they were used half a century ago – a choice that does not limit the creativity of Chef Salvatore who manages to enhance these products, even graphically, with highly suggestive dishes, always well "presented" by the Restaurant Manager Domenico Abbruscato. The creations proposed on paper tell the story of the territory but also the seasonality and identity of the estate. Just as the Guffanti family, owners since 2007, strongly wanted: a relais expression of the family business, both in the products and in the management. It is no coincidence that the eldest son Adriano manages the farm, while the sisters, Elisabetta and Arianna, manage the relais.

Great attention is paid to wellness. The spa, the "Wellness Farm", with its 1500 square meters, offers a sensory awakening with a path that includes hydromassage, chromotherapy, a Finnish sauna, herbal sauna, Turkish bath, emotional showers and a Kneipp path. An itinerary that has recently been integrated with the bioenergetic wood of 13 hectares that extends behind the relais.

Of course, at the opening the owners had not yet thought of enhancing the wood to make it a bioenergetic path, however the meeting between the Guffanti family and the bio researcher Marco Nieri (the creator of Oasi Zegna, the only other bioenergetic forest in Italy) gave birth to this project. It's all a matter of energy and electromagnetic fields which, like us humans, plants also produce. These fields, which are measurable among other things, can have a beneficial effect on certain organs of the body. It is sufficient for us to position ourselves in order to be crossed. Nieri has identified 40 trees that he has numbered, creating a complete itinerary of suitably positions.

Tenuta de l'Annunziata

Uggiate Trevano

Grande è l'attenzione al wellness. La spa, la "Fattoria del Benessere", con i suoi 1500 mq, propone un risveglio sensoriale con un percorso che contempla idromassaggio, cromoterapia, sauna finlandese, sauna alle erbe, bagno turco, docce emozionali, percorso Kneipp. Un itinerario che è stato recentemente integrato dal bosco bioenergetico di 13 ettari che si estende alle spalle del relais.

Certo all'apertura non si era ancora pensato di valorizzare il bosco retrostante per farne un percorso bioenergetico ma l'incontro tra la famiglia Guffanti e il bioresearcher Marco Nieri (l'artefice dell'Oasi Zegna l'unico altro bosco bioenergetico in Italia) ha dato vita a questo progetto. È tutta una questione di energia e campi elettromagnetici che, come noi umani, anche le piante producono. Questi campi, tra l'altro misurabili, possono avere un effetto benefico su taluni organi del corpo, basta posizionarsi in modo da esserne attraversati. Nieri ha individuato 40 alberi che ha numerato creando un itinerario completo di sedute opportunamente posizionate.

Tenuta de l'Annunziata

Uggiate Trevano

Wellness

INFO HOTEL

Tenuta de l'Annunziata
Uggiate Trevano

www.tenutadelannunziata.it

location	hill
typology	gourmet & spa resort
chain	none
affiliation	none
rooms	21
spa	yes
pool	yes
stars	n.a.
cost	$

Terme di Saturnia Spa & Golf Resort

THE LEADING HOTELS
OF THE WORLD®

Saturnia

Ai piedi dell'omonimo borgo medievale nel cuore della Maremma toscana, si estendono 120 ettari di benessere: Terme di Saturnia si racconta intorno alla millenaria Sorgente dalla quale scaturisce un'acqua unica al mondo, potentissima. Qui risiede la bellezza autentica, storica e naturale. Da 3.000 anni l'acqua termale sgorga ininterrottamente dal cuore della terra, all'interno di un cratere alla temperatura di 37° C. Il continuo ricambio permette all'acqua di mantenere le sue caratteristiche benefiche senza bisogno di alcune manipolazione esterna. Per 40 anni viaggia sotterranea per poi emergere nella vasca termale del Resort.

I suoi effetti benefici sono innumerevoli e agiscono sull'apparato cardio-circolatorio, respiratorio, muscolare e scheletrico. Inoltre quest'acqua unica al mondo ha una forte azione protettiva, antiossidante e depurante; sulla pelle esercita una naturale azione di peeling con proprietà esfolianti, detergenti e idratanti.

The Baths of Saturnia have crossed centuries increasing their fame and confirming their fascination, thanks to the precious thermal sources, rich in unique and beneficial substances which have continued to spring forth from the heart of the earth.

Built from an ancient travertine construction, the elegant hotel surrounds one of the thermal pools of great fascination, created by the light mist which, in certain moments, rises above the surface of the water, almost evoking the ancestral rites of sacred bathing and purification.

Terme di Saturnia SPA & Golf Resort offers a series of personalised programs of care and psycho-physical regeneration that exploit the precious patrimony of the sulfuric thermal mineral waters, integrating it with the most up-to-date equipment and methodology.

Wellness

Terme di Saturnia Spa & Golf Resort

Saturnia

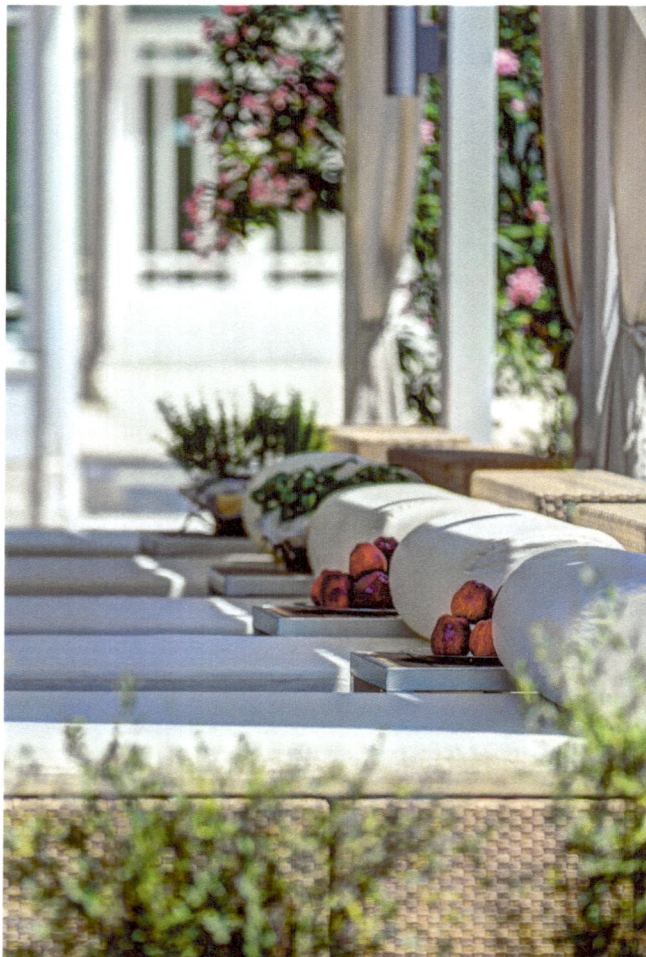

Terme di Saturnia Spa & Golf Resort

Wellness

INFO HOTEL

Terme di Saturnia Spa & Golf Resort
Saturnia

www.termedisaturnia.it

location	hill
typology	thermae resort
chain	none
affiliation	LHW
rooms	128
spa	yes
pool	yes
stars	*****
cost	$$

Grotta Giusti Thermal Spa Resort

THE LEADING HOTELS OF THE WORLD®

Monsummano Terme

Abbracciato da un grande parco secolare di quaranta ettari ed immerso nella quiete della campagna toscana, il Grotta Giusti Thermal Spa Resort ci accoglie con tutto il suo fascino e la sua storia.

L'antica villa ottocentesca, un tempo residenza della famiglia Giusti, è oggi un lifestyle resort e custodisce la grotta termale più grande d'Europa, definita da Giuseppe Verdi l'ottava meraviglia del mondo. Le imponenti stalattiti e stalagmiti e le ampie volte di roccia, disegnano una cattedrale sotterranea che si estende per oltre duecento metri nel sottosuolo del resort, in un vero e proprio paradiso naturale con temperature che variano dai 28°C ai 36°C del Limbo, un lago cristallino di acque termali calde.

Il concetto di ospitalità del Grotta Giusti Thermal Spa Resort è strettamente legato al benessere e rende omaggio al territorio e alle personalità più illustri che vi hanno soggiornato. Gli spazi sono arredati con colori caldi ed elementi di design in un perfetto connubio tra raffinato design contemporaneo e genius loci.

Al ristorante Il Poeta è possibile assaporare i piatti tipici della cucina toscana, rivisitati in chiave gourmet. Una cucina prelibata che nasce dalla tradizione e sposa perfettamente la filosofia del benessere del resort. I piatti seguono le stagioni e vengono arricchiti dal sapore e dai profumi delle piante aromatiche colte dall'orto delle erbe. Da provare i Tortelli alla farina di castagne con ripieno di salmì di cinghiale e spuma di polenta alle erbe aromatiche, accompagnati da un ottimo calice di Chianti oppure il Porro bruciato con gorgonzola di bufala e crumble di pane al basilico.

Un'ultima sosta al lounge bar L'Affresco, con le ampie finestre che si affacciano sul parco ed il suo splendido soffitto affrescato, ci permette di godere di un altro momento di relax, assaporando l'ottimo Sesto Senso, cocktail a base di frutta preparato da un sapiente bartender che ci intrattiene con le storie legate alle sue creazioni.

Subito dopo ci si rimette in viaggio, ricaricati dagli effetti benefici della grotta termale e dalla Spa e coccolati dall'autentica ospitalità toscana del Grotta Giusti Thermal Spa Resort.

Grotta Giusti Thermal Spa Resort

Monsummano Terme

Surrounded by a large park of forty hectares and immersed in the quiet of the Tuscan countryside, the Grotta Giusti Thermal Spa Resort welcomes us with all its charm and history.

The ancient nineteenth-century villa, once the residence of the Giusti family, is now a lifestyle resort and houses the largest thermal cave in Europe, defined by Giuseppe Verdi as the eighth wonder of the world. The impressive stalactites and stalagmites and the large rock vaults draw an underground cathedral that extends for over two hundred meters in the subsoil of the resort in a real natural paradise with temperatures ranging from 28°C to 36°C in the Limbo, a crystalline lake of warm thermal waters.

The concept of hospitality of the Grotta Giusti Thermal Spa Resort is closely linked to well-being and pays tribute to the territory and the most illustrious personalities who have stayed there. The spaces are furnished with warm colors and stylish elements in a perfect combination of refined contemporary design and genius loci.

At the restaurant Il Poeta you can enjoy the typical dishes of Tuscan cuisine, revisited in a gourmet key. A delicious cuisine that comes from tradition and perfectly combines the philosophy of wellness of the resort. The dishes follow the seasons and are enriched by the flavor and scents of aromatic plants grown in the herb garden. Try the Tortelli with chestnut flour, stuffed with wild boar salami and polenta mousse with aromatic herbs served with an excellent glass of Chianti, or the burnt leek with buffalo gorgonzola and bread crumble with basil.

A last stop at the lounge bar L'Affresco, with its large windows overlooking the park and the frescoed ceiling, allows us to enjoy another moment of relaxation, savoring the excellent Sesto Senso fruit cocktail prepared by a knowledgeable bartender who entertains us with stories related to his creations. We are finally ready for the next trip, recharged by the beneficial effects of the thermal grotto and spa and pampered by the authentic Tuscan hospitality of the Grotta Giusti Thermal Spa Resort.

Grotta Giusti Thermal Spa Resort

Monsummano Terme

INFO HOTEL

Grotta Giusti Thermal Spa Resort
Monsummano Terme

www.grottagiustispa.com

location	sea
typology	sea resortl
chain	Marriott
affiliation	Authograph Collection
rooms	71
spa	yes
pool	yes
stars	*****
cost	$$$

185

Olympic Spa Hotel

Vigo di Fassa

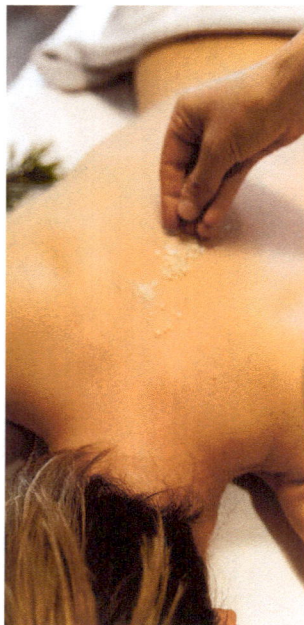

Una tradizione famigliare che si rinnova di generazione in generazione con la partecipazione di tutti i membri della famiglia Pellegrin. Da un modesto bed&breakfast iniziato nel 1963 a un celebrato 4 stelle superior "dove il quotidiano svanisce", così recita il sito web. Siamo ormai alla terza generazione e la struttura si è da poco arricchita di silenziosissime natural suite splendidamente affacciate sul bosco e le vette delle Dolomiti e di nuovi spazi nella ormai conosciuta e apprezzata Spa.

Ma come si diceva siamo in famiglia. A colazione capiamo meglio. Il buffet, raccolto ma intenso, propone prodotti "firmati" da contadini, allevatori e produttori locali. Così l'attenzione per il dettaglio e la qualità ha portato la famiglia Pellegrin a scegliere con scrupolo le materie prime migliori per la propria cucina. Come non menzionare il burro, giallo come ormai non siamo più abituati a vedere, ricco di sapore, tanto da risvegliare i ricordi d'infanzia. Marmellate, dolci e pane sono poi prodotti in casa.

L'Olympic è però uno spa hotel e quindi una visita approfondita a quest'ampio insieme di spazi non può essere affrettata. Noi abbiamo dedicato un intero pomeriggio a passare tra bagno turco, sauna finlandese (soprattutto quella sospesa sul bosco con una parete in vetro con vista abeti e Dolomiti), piscina riscaldata interna, ma sopratutto esterna, con le vette innevate l'esperienza è notevole. La carta dei trattamenti è articolata e ruota attorno alla linea di prodotti esclusiva Te Jaga. Abbiamo provato il Dolomiti Detox, una pulizia del corpo con elementi di montagna in tre fasi: esfoliazione, fango lipolitico ed emulsione agli oligoelementi delle Dolomiti. Mentre l'Herbal Mountain Massage è praticato con tamponi caldi alle erbe officinali di montagna che rilasciando loro principi attivi hanno un'azione antinfiammatoria e detossinante.

Come spesso succede poi alla fine sono i dettagli che rimangono più impressi. Tra i tanti ci piace ricordare lo Scrub Savonage nel bagno turco. Guidati da un terapista / performer gli ospiti che lo desiderano passano da uno scrub allo strudel (miele, mela, zucchero e cannella), al savonage per concludere con una doccia fredda. Il tutto come fosse una danza, tra vapori e profumi, ritrovandosi pronti per una sosta nella nuova sauna finlandese sospesa sul bosco.

Olympic Spa Hotel

Vigo di Fassa

A family tradition that is renewed from generation to generation with the participation of all members of the Pellegrin family. From a modest bed&breakfast opened in 1963 to a celebrated 4-star superior hotel "where everyday life vanishes", according to the website.

We are now in the third generation and the structure has recently been enriched with extremely silent natural suites splendidly overlooking the woods and the peaks of the Dolomites and new spaces in the now well-known and appreciated Spa.

However as we mentioned, we are in the family. Upon arrival we are greeted by Manuela, Front & "Smiling" Office; we will then meet Rosa, Spa Manager and Wellness Coach. At dinner, Carla, sommelier and "Muse of hospitality" will succeed in recommending the perfect match for the chef's creations.

At breakfast we come to understand even more. The buffet, intimate but intense, offers products "signed" by farmers, breeders and local producers. Thus the attention to detail and quality has led the Pellegrin family to scrupulously choose the best raw materials for their cuisine. How can we avoid mentioning the butter: yellow - as we are no longer used to seeing, rich in flavor, so much so that if awakes childhood memories. Jams, sweets and bread are also produced in-house.

However, the Olympic is a spa hotel and therefore an in-depth visit to this large set of spaces cannot be rushed. We dedicated an entire afternoon to spending time in the Turkish bath, the Finnish sauna (especially the suspended forest one with a glass wall overlooking the fir trees and the Dolomites) and the heated indoor swimming pool - but above all the outdoor section - overlooking the snow-capped peaks.

Olympic Spa Hotel

Vigo di Fassa

The experience is remarkable. The treatment menu is articulated and revolves around the exclusive Te Jaga product line. We tried the Dolomiti Detox, a body cleansing with mountain elements in three phases: exfoliation, lipolytic mud and emulsion with trace elements from the Dolomites. The Herbal Mountain Massage, on the other hand, is practiced with warm pads of medicinal mountain herbs which, by releasing their active ingredients, have an anti-inflammatory and detoxifying action.

As often happens, in the end it is the details that remain most impressive. Among the many we like to remember is the Scrub Savonage in the Turkish bath. Guided by a therapist / performer, guests who would like to, can go from a scrub to a strudel (honey, apple, sugar and cinnamon), to savonage and conclude with a cold shower. All this is somewhat like a dance among vapors and fragrances, finding yourself ready for a break in the new Finnish sauna suspended out over the woods.

INFO HOTEL

Olympic Spa Hotel
Vigo di Fassa

www.olympicspahotel.it

location	mountain
typology	mountain hotell
chain	none
affiliation	none
rooms	33
spa	yes
pool	yes
stars	****S
cost	$

index of hotels

and scores

indici

scores

100	*Four Seasons Hotel, Firenze*
95	*San Domenico Palace, a Four Seasons Hotel*
93	*Forestis*
92	*Belmond Hotel Splendido*
90	*Aman Venice*
90	*Borgo Egnazia*
87	*Helvetia & Bristol*
86	*Park Hyatt Milano*
85	*Grand Hotel Fasano & Villa Principe*
85	*Mandarin Oriental, Milan*
85	*Masseria Torre Maizza*
85	*Palazzo Portinari Salviati*
85	*Verdura Resort*
84	*Castel Monastero*
84	*San Clemente Palace Kempinski Venice*
83	*Grotta Giusti*
83	*MarePineta Resort*
83	*Villa Igiea*
82	*Castello di Spaltenna*
82	*Golf Wine Resort & Spa Castello di Spessa*
82	*Grand Hotel Tremezzo*
82	*Hotel Brunelleschi*
82	*Terme di Saturnia*
81	*Hotel Excelsior Venice Lido Resort*
81	*Monastero Santa Rosa*
81	*Tenuta de l'Annunziata*
80	*25hours Hotel Piazza San Paolino*
80	*Grand Hotel Palace*
80	*Olympic Spa Hotel*
80	*Villa e Palazzo Aminta*
78	*Villa Tolomei Hotel & Resort*
77	*Hotel Glance*
77	*Londra Palace Venezia*
77	*Palazzo Ripetta*